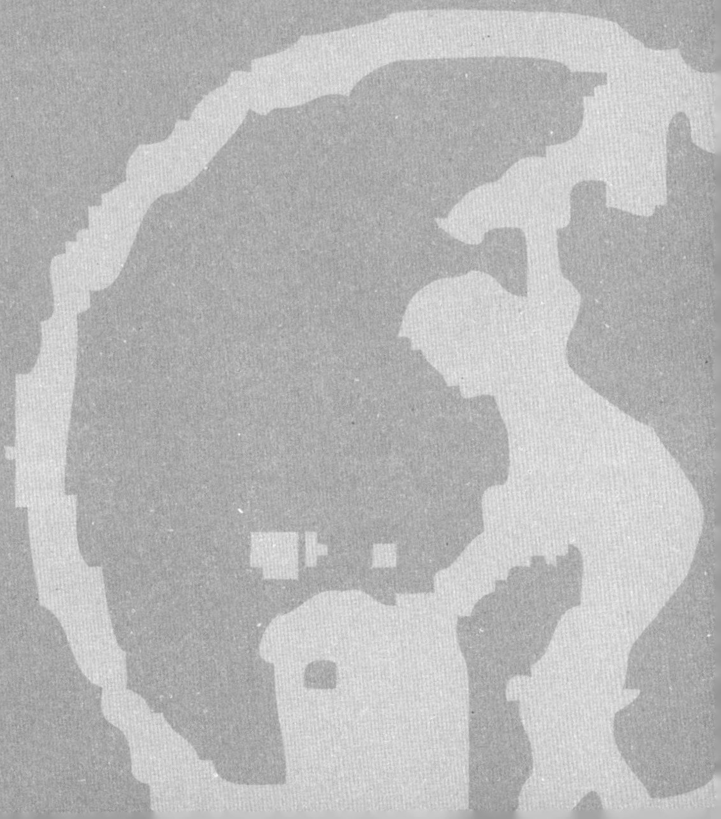

도서출판 대장간은
쇠를 달구어 연장을 만들듯이
생각을 다듬어 기독교 가치관을
바르게 세우는 곳입니다.

대장간이란 이름에는
사라져가는 복음의 능력을 되살리고,
낡은 것을 새롭게 풀무질하며, 잘못된 것을
바로 세우겠다는 의지가 담겨져 있습니다.

도서출판 대장간은
새로운 사회, 즉 예수사회(교회)를 건설하려는
꿈을 가진 도구로서 예수 사회를 구성하는
공동체의 한 지체입니다.

www.daejanggan.org

거품 빼고 보는 요한계시록

지은이 이남하
초판발행 2009년 12월 1일
초판2쇄 2012년 3월 2일

펴낸이 배용하
책임편집 윤순하
등록 제364-2008-000013호
펴낸곳 **도서출판 대장간**
www.daejanggan.org
대전광역시 동구 삼성동 대동천좌안8길 49
전화 (042) 673-7424 전송 (042) 623-1424
박은곳 경원인쇄

ISBN 978-89-7071-170-6

값 9,000원

거품 빼고 보는

요한계시록

〈다 비친 코드〉해독하기

이 남 하

CONTENTS

CONTENTS

제3부 심판주 어린 양

제4부 교회와 마귀 사이의 전쟁

제5부 용과 짐승과 거짓 선지자에게 임하는 심판

제6부 새 예루살렘 성의 삶과 요한계시록의 결론

이전에 필자는 요한계시록을 '헷갈리게 하는 책' 이라고 생각했었습니다. 아니, 그냥 헷갈리게 하는 책이 아니라 '헷갈리게 하는 성경의 책' 이었습니다. 이렇게 혼동시키는 내용이 성경 안에 있다는 게 이상했었다는 말입니다. 필자만 그렇게 생각한 것이 아니라 필자가 알고 있는 사람들 대부분도 그랬고, 요한계시록에 관해 쓴 주석이나 논문 등을 봐도 마찬가지였습니다.

더구나, 요한계시록을 사용하여 종말이 왔다고 사람들을 부추기고 현혹해 수많은 사람의 영혼을 황폐하게 한 시한부 종말론자와 사이비와 이단을 주위에서 심심치 않게 봐왔기 때문에, 요한계시록은 종잡을 수 없는 책이었습니다. 따라서 필자에게는 요한계시록이 마치 '거품으로 싸여 있어 속은 볼 수 없는 분위기를 주는 책' 이었습니다.

그런데 한편으로는, 하나님께서 이렇게 헷갈리게 하는 책을 성경 안에 넣어주셨을 리가 없다는 생각도 들었습니다. 하나님께서 '성경에 기록은 했지만 읽지는 말아라' 뭐 이런 뜻으로 요한계시록을 주시지는 않았을 것이기 때문입니다. 신·구약 성경 66권이 모두 다 하나님의 말씀인데 그 중 읽지 말라고 주신 말씀도 있다는 것이 뭔가 상식적으로 맞지 않았습니다. 하지만, 존 캘빈 같은 소위 기독교의 거성이 성경의 다른 65권에 대한 주석을 다 쓰고도 요한계시록의 주석은 쓰지 않았다는 말을 들으니 함부로 읽지 말아야겠다고 생각했습니다.

이 책은 이전의 필자처럼 요한계시록을 꺼리거나 또는 헷갈린 상태에 있는 사람들을 위해 썼습니다. 그리고 요한계시록을 잘못 이해하는 사람들을 바로 잡아주기 위해 썼습니다. 요한계시록의 내용이 말세에 실지로 일어날 현상을 기록한 것이라고 배워온 사람들 말입니다. 사실, 이런 잘못된 가르침이 요한계시록을 통해 말씀하시려는 하나님의 메시지를 덮는 거품 중 가장 짙은 거품이라 할 수 있습니다.

어떤 경우라도, 열린 마음으로 이 책을 끝까지 읽는다면 그 거품이 사라지고, 요한계시록이 말하고자 하는 메시지가 확연히 드러나는 경험을 할 수 있으리라 믿습니다. 필자가 열린 마음이라고 할 때 그것은, 떠돌아다니는 종말론을 여기저기서 주워들어 마치 칠판에 가득한 낙서처럼 되어 있는 머리속을 싹 지워버리고, 요한이 그 당시의 독자들에게 주려고 했던 메시지를 듣고자 하는 마음 상태를 말합니다. '내가 만일 1세기 때 요한계시록의 내용을 읽고 있었다면 어떻게 받아들였을까?' 이런 자세로 이 책을 끝까지 따라가면 분명히 가닥이 잡힐 것입니다.

이 책의 내용은 필자의 것이 아니라, 오랫동안 고민하며 여러 책을 통해 도움을 받은 후 나름대로 연구하고 정리한 것입니다. 그 중, 결정적으로 큰 영향을 준 책이 레이 로빈스Ray F. Robbins가 쓴 『예수 그리스도의 계시』*The Revelation of Jesus Christ*입니다. 이 책이 아니었다면 필자는 지금도 요한계시록을 기피하고 있었을 것이고, 요한계시록이 말하고자 하는 놀라운 메시지를 다 놓쳐버렸을 것입니다. 생각만 해도 아찔합니다. 지금은 고인이 된 레이 로빈스에게 크나큰 빚을 졌는데, 이 책을 통해 그의 요한계시록에 대한 올바른 시각이 좀 더 알려져 그 빚을 조금이나마 갚았으면 하는 바람이 있습니다.

1부

거품부터 빼고…

1 금이 가버린 종말론

"1988년 이전에, 즉 앞으로 12년 안에 예수님께서 공중 재림하시고 성도들의 휴거가 일어난다."

"지금 로마제국의 후예인 구주공동체(유럽연합)가 9개국인데, 1개국만 더 가입하면 그때는 다니엘과 요한계시록에 있는 열 뿔의 예언이 성취되어 종말이 오게 된다."

"휴거가 일어난 후 공중에서는 예수님과 성도들 간의 혼인 잔치가 벌어지고, 지상에서는 7년 환란이 일어나 온갖 재앙들이 온 땅을 피로 물들이게 된다."

"7년 환란 때, 1948년에 고토를 회복하고 독립한 이스라엘 백성 중 14만 4천 명이 예수 그리스도를 믿고 복음을 전한다."

"그리고 적그리스도가 등장하여 평화를 부르짖다가 어느 날 철권통치를 하고 이스라엘을 상대로 아마겟돈 전쟁을 일으킨다."

"7년 환란이 지난 후에 예수님께서 휴거한 성도들과 함께 지상에 재림하셔서 천년왕국이 펼쳐지게 된다."

"지금 유럽 어딘가에 적그리스도가 태어나서 자라고 있다."

베스트셀러를 읽고

위의 내용은 필자가 예수님을 처음 믿게 된 1976년에 미국에서 심심치 않게 들을 수 있었던 소위 '종말'에 관한 메시지입니다. 듣기만 해도 오싹해지는 그런 얘기였습니다. 그 당시, 철저한 불신자였다가 구원을 받고 열성적인 신앙생활에 돌입했던 필자에게 누군가가 소개해준 책 두 권이 있었습니다. 핼 린지Hal Lindsey의 『대 유성 지구의 종말』*The Late Great Planet Earth*라는 책과 어네스트 앵글리Ernest Angley의 『휴거』*Raptured*라는 책인데, 그 당시에 잘 나가던 베스트셀러였습니다. 위에 열거한 내용이 바로 이 책들이 강조하는 메시지입니다. 이 책들을 읽고 충격을 받아 곧 종말이 올 것이라는 확신에 차서 닥치는 대로 사람들에게 경고하며 전도했던 기억이 아직도 생생합니다.

핼 린지를 포함한 그 당시 종말론자들은 "무화과나무의 비유를 배우라.", 또 "이 세대가 지나가기 전에 이 일이 다 이루리라."라는 예수님의 말씀에 따라서, 나라를 잃고 떠돌던 이스라엘이 1900년 만에 나라를 회복하고 독립한 1948년부터 한 세대(유대인의 한 세대는 40년이라고 함)인 1988년 이전에 모든 예언이 다 이루어질 것이라고 했습니다. 필자도 이런 논리를 받아들인 수많은 사람 중 하나였습니다. 책에서 뿐만 아니라 종종 TV에도 나와서 끊임없이 임박한 종말에 대해 열변을 토하는 헌신적인 전도자들의 말에 갓 예수님을 믿은 아무것도 모르던 20대 초반의 청년이 어찌 설득당하지 않을 수 있었겠습니까? 핼 린지의 책만 그 당시에 이미 수백만 권이나 팔려나간 베스트셀러였기 때문에 아무런 의심 없이 그 책의 내용을 그대로 받아들였었습니다 .(참고로, 핼 린지의 『대 유성 지구의 종말』은 지금까지 54개의 언어로 번역되어 모두 3,800만 부 이상 팔렸음.)

종말론에 의심이 생기다

한동안 이런 종말론에 심취해있었던(위의 책들 말고도 그런 부류의 다른 책들도 읽은 후 더 확신하게 되었음) 필자에게 조금씩 의문이 생긴 것은, 성경의 지식이 쌓이게 되고 종말에 관한 다른 견해가 많이 있음을 알게 되면서부터였습니다. 처음엔 필자가 확신했었던 종말론에 대해 상반된 주장을 펼치는 사람들이 마치 성경의 권위를 부정하는 자유주의자로 보여서 강한 거부감을 느끼고 그들에 대한 비판을 서슴지 않았었습니다. 하지만, 시간이 지나면서 성경을 알면 더 알수록 그동안 사실이라고 믿어왔던 것들에 구멍이 숭숭 뚫려 있음을 알게 되니 나름대로 연구해서 속 시원한 답을 얻고 싶었습니다.

그렇지만, 구약과 신약의 종말에 관한 기록이라고 알려진 부분을 읽고 또 읽으며, 종말에 관해 쓴 책과 주석을 여러 권 사서 비교해봤지만, 도무지 답을 얻을 수 없었습니다. 특히 요한계시록은 아무리 연구를 해도 갈수록 더 헷갈리기만 했습니다. 유력한 신학자들 사이에서도 이견이 분분한데 일개 애송이 대학생이 어찌 알 수 있었겠습니까?

종말론에 대한 관심이 사라지다

한참을 고민하다가, 결국 말세니 종말이니 재림이니 하는 것에 관해서는 더는 관심을 두지 않기로 결론을 내렸습니다. 어차피 종말이 오건, 오지 않건 우리가 죽으면 그날이 종말이나 마찬가지이므로 별로 상관할 필요가 없다는 생각을 하니 마음이 편해지기까지 했습니다. 대학을 졸업하고 신학대학원에 들어가서도 교수마다 견해가 다른 것을 보고 그런 태도는 더욱 굳어져만 갔습니다.

종말에 관한 관심을 끄고 사는 동안 핼 린지가 지목했던 1988년이 아무 일도 벌어지지 않고 지나가버렸습니다. 그 사이에 "열 뿔"이라는 유럽연합도 1981년에 그리스가 가입하면서 10개국이 채워져 종말론자들을 잠시 흥분케 하더니, 1986년에는 2개국이 더 늘어 12개국이 되었습니다. 그때 핼 린지는 결국 두 나라가 탈퇴하여 10개국이 될 것이라고 예견했지만 그런 일은 벌어지지 않았습니다.(2009년 현재, 유럽연합은 어느새 27개국으로 늘어났음) 이렇게 되자, 한동안 식을 줄 모르던 종말론에 관한 열기가 미국에서 점점 떨어지고, 필자도 어느새 종말에 대해서는 거의 생각조차 하지 않게 되었습니다.

2
우연히 발견한 책을 시작으로

종말론에 관심을 끄고 살던 중 1980년대 말 어느 날, 서점에서 우연히 요한계시록에 관해 쓴 책을 한 권 발견하게 되었는데, 그것이 필자의 신앙생활에서 큰 획을 긋는 일대 전환점이 될 줄은 몰랐었습니다. 그 책을 읽고 나서, 마치 먹구름이 걷히고 밝은 햇빛이 환하게 비치듯 그동안 헷갈렸던 요한계시록의 내용을 처음으로 이해할 수 있었기 때문입니다. 거품이 걷힌 것입니다. 요한계시록을 종말에 관한 얘기로만 여기고 한동안 전혀 거들떠보지 않았었는데 알고 보니 그게 아니었습니다. 흥미진진한 예수 그리스도의 계시, 곧 하나님의 목적이 펼쳐지는 파노라마가 그 안에 담겨 있었는데도 모르고 있었음을 알게 되었습니다.

그 책이 바로 앞에서 언급한 레이 로빈스Ray F. Robbins가 쓴 『예수 그리스도의 계시』*The Revelation of Jesus Christ*입니다. 미국 뉴올리언즈 침례신학 대학원New Orleans Baptist Theological Seminary의 신약학 교수였던 그가 오랜 연구 끝에 확신을 얻고 집필한 책입니다. 이 책을 만나기 전까지 이런 시각으로 요한계시록을 본 책이나 사람을 만난 적이 없었기에, 책이 닳고 닳도록 읽고 또 읽으며 본격적으로 요한계시록 연구에 돌입했습니다.

성경을 보는 눈이 열리기 시작하다

필자에게 있어 이 책의 발견이 획기적인 이유는 이 책을 통해 요한계시록에 대해 총체적으로 이해하고 나서부터 성경을 보는 눈이 확 바뀌게 되었기 때문입니다. 우리에게 성경을 허락하신 하나님의 처지에서, 성경을 쓴 저자들의 처지에서 보기 시작하게 된 것입니다. 이런 눈으로 보고, 요한계시록을 둘러싸고 있던 거품만 걷힌 것이 아니라 성경 전체를 새롭게 이해하게 되어 성경이 더욱더 살아 있는 책으로 다가오게 되었습니다.

그 후로, 새롭게 이해한 요한계시록을 가르칠 때마다 종종 '속이 후련하다' 는 반응을 보게 되었는데, 이것은 듣는 사람들 또한 성경을 보는 눈이 바뀌었기 때문일 것입니다. 지금은 고인이 된 레이 로빈스에게 감사할 수밖에 없습니다. 아니, 그로 하여금 책을 쓰게 하셔서 필자의 손에까지 그 책이 들어오게 하신 하나님께 영원토록 감사하지 않을 수 없습니다.

더 큰 획기적인 변화

2001년도에, 필자의 삶에는 더 큰 변화가 일어났습니다. 예수 그리스도의 복음이 이전에 미처 깨닫지 못한, 놀랄 정도로 더 높은 차원의 이야기라는 것을 알게 되었기 때문입니다. 복음주의자로서, 영혼을 구원하는 것이 교회가 가진 지상 최대의 명령인 줄로 알았었는데 이것에 일대 혁명이 일어나게 되었습니다. 복음의 목적이 영혼을 구원시켜 죽은 다음 천국에 가서 살게 하려는 것 그 이상이라는 것을 알게 되었습니다. 하나님께서 창세 전부터 계획하신 목적을 성취하시기 위해 우리에게 복음을 주셨음이 성경 곳곳에 드러나 있는데 이것을 간과했음을 깨닫게 된 것입니다.

이것이 4반세기 동안 필자를 지탱해주었던 신앙의 기초를 송두리째 흔들어놓았는데, 이 하나님의 목적의 눈으로 요한계시록을 보니 요한계시록이 더욱 살아있는 책으로 다가와 흥분을 금할 길이 없었습니다. 이렇게 하나님의 목적을 알고 요한계시록을 새롭게 풀어나가면서, 요한이 요한계시록을 쓴 의도와 그의 메시지가 더 명확하게 드러나게 되었습니다. 앞에서 언급했던, 필자가 신앙생활 초기에 믿었던 그런 종말론과는 거리가 멀어도 한참 먼 이야기라는 것이 너무나도 분명해졌습니다.

3
다 비친 코드?

코드Code, 암호는 약속한 사람들끼리만 통하는 메시지 전달수단으로서 해독 해야 그 내용을 알 수 있습니다. 코드는 종종 스파이spy를 파견한 본부와 스파이 사이에 다른 사람이 모르도록 연락을 취하는 데 사용됩니다. 스파이는 코드를 해독하는 훈련을 받은 다음 파견되어 상부에서 코드로 내려오는 지시를 해독합니다. 이것을 우리가 첩보영화 같은 데서 많이 볼 수 있습니다. 이전에 북한에서 남한에 파견된 간첩들도 그런 훈련을 받고 내려와 '난수표' 라는 코드를 사용해서 지시를 받곤 했습니다. 그런데 성경에도 코드가 있다는 말을 들어봤습니까?

신약성경의 다른 책들은 해석이 꽤 쉽지만 요한계시록은 그렇지 않은데, 그 이유는 다른 책들과 달리 요한계시록이 코드로 되어 있기 때문입니다. 따라서 요한계시록은 먼저 해독을 한 다음 해석을 해야 하는 번거로움이 있습니다. 하지만, 이렇게 해서 요한계시록의 내용을 이해했을 때 오는 즐거움이란 말로 다 표현할 수 없습니다.

레이 로빈스의 책을 통해 요한계시록이 무슨 내용인지 알게 된 이후, 매번 요한계시록을 읽을 때마다 그 안에 감춰져 있는 그리스도와 교회의 실체를 확인하며 흥분을 감출 수가 없게 되었습니다. 필자에게 있어 이제 요한계시록은 '다 비친 코드' 로 씌어 있는 책이기 때문입니다. 그것이 알 수 없는 내용이 아니라 이미 다 비친 내용이라는 뜻입니다.

'다빈치 코드'가 아닌 '다 비친 코드'

몇 년 전, 『다 빈치 코드』라는 요상한 소설이 등장해서 미국의 서점가를 휩쓸고 수십 개의 언어로 번역되어 오랫동안 베스트셀러로 군림한 적이 있었습니다. 한국에서도 출판되어 최장기 베스트셀러 1위의 기록을 갖고 있는 이 소설의 내용은 물론 허구이지만, 영화로도 만들어져서 기독교계의 큰 반발을 사기도 했습니다. 소설 『다 빈치 코드』는 레오나르도 다 빈치의 그림에 얽힌 비밀코드를 풀어나간다는 이야기인데, 여기서 말하는 '코드'는 저자가 독자들의 흥미를 돋우려고 지어낸 것입니다.

이에 반해, 필자가 '다 비친 코드'라고 명명한 코드암호는 요한계시록의 저자가 하나님께로부터 받은 메시지를 전하려고 1세기 때 실지로 사용한 수단이었습니다. 이것은 그 당시 교회 밖의 사람들은 풀 수 없는 비밀코드였을 것입니다. 하지만, 저자와 수신자인 교회들엔 익숙한 코드였으므로 교회 성도들은 읽자마자 그 내용을 금방 이해할 수 있었을 것입니다. 그들에겐 이미 전부 다 비친 코드였기 때문입니다. 다만, 1세기 성도들과 오늘 우리 사이에 2천 년이라는 시간이 벌어져 있어 그 코드의 의미를 금방 알 수 없고, 또 코드를 코드로 보지 않고 문자 그대로 벌어질 실지 현상으로 풀어버리는 실수를 범하기 때문에 '엉뚱한 말세론'이 등장하게 된 것입니다.

1세기 교회 성도들의 시각으로

그래서, 이 책의 서두에서 강조한바 '내가 만일 1세기 때 요한계시록의 내용을 읽고 있었다면 어떻게 받아들였을까?'라는 질문을 계속 던지면서 요한계시록을 읽지 않으면 얼토당토 않은 해석을 하게 됩니다. 한 예로, 요한계시록 9장의 '무저갱에서 나온 황충'을 핼 린지가 말세에 이스라엘과 이방인 사이의 전쟁 때 등장할 헬리콥터라고 주장하는 것과 같은 기발한(?) 해석을 들 수 있습니다. 20세기에나 나타날 환상 속의 날아다니는 물체를 1세기 때의 요한이 알 길이 없어 "황충(메뚜기의 일종)"이라고 했다는 것입니다. 이런 해석은 1세기 때 핍박 중에서 하루하루 버텨나가고 있던 교회 성도들에게 2천 년 후에 있을 일이나 예고하시는 한가한 분으로 예수님을 전락시켜버립니다.

또, 13장에 나오는 '짐승의 표'가 적그리스도가 사람들의 오른손과 이마에 집어넣는 레이저나 바코드 같은 것(verichips라는 사람들도 있음)이라는 주장을 펴는 사람도 있습니다. 이런 소리를 듣고 공포에 떨며 이런 식의 해석을 정통으로 아는 교인들이 생각보다 많이 있습니다. 요한계시록을 오늘날의 시각으로 보는 우를 범하고 있기 때문입니다. 하나님께서 요한계시록을 통해 말씀하시고자 하는 메시지는 1세기 성도들이나 오늘 우리에게 똑같이 중요하지만, 그 내용 속에 등장하는 현상들을 오늘날 그대로 받아들이면 우스꽝스러운 해석의 정도를 넘어 신앙에 해가 될 수 있습니다. 정통 기독교뿐만 아니라 사회를 어지럽히는 시한부 종말론자들이나 사이비와 이단들이 대부분 이런 엉터리 해석의 희생자라 할 수 있습니다.

요한계시록에 등장하는 현상들은 수신자인 1세기 성도들이 다 이해할 수 있었던 코드였기 때문에, 그들은 예수님께서 주신 메시지에 흥분과 감격을 감추지 못했을 것입니다. 다시 한 번 강조하지만, 그 당시 교회 밖의 사람들에게는 감춰진 내용이 교회에는 전부 다 드러나 알 수 있도록 '다 비친 코드'로 기록되었기 때문입니다. 우리가 이 코드를 옳게 해독하고 요한계시록을 바로 해석하여, 주님께서 주신 그 '메시지' 를 바로 알아, 1세기 교회의 흥분과 감격에 동참할 수 있어야 합니다.

물론, 필자는 이 책에서 요한계시록에 나오는 코드나 내용을 전부 다 이해하고 파악했음을 주장하는 것이 아닙니다. 레이 로빈스 또한 그런 주장을 한 적이 없습니다. 우리가 이해할 수 있는 말로 쓴 복음서나 서신서들도 2천 년이라는 세월이 놓여 있어 다 이해하지 못하는데, 하물며 2천 년 전의 코드로 가득한 책을 무슨 수로 다 풀어낼 수 있겠습니까? 해석하기 난해한 부분도 많이 있음을 부인할 사람은 없을 것입니다. 하지만, 위에서 말한 올바른 자세로 요한계시록을 대한다면 1세기 교회가 이해했을 메시지에 상당히 근접할 수 있으리라 믿습니다.

4 계시문학이란?

레이 로빈스는 소위 '천년왕국' 을 중심으로 나누어진 종말론의 여러 학설을 두루 거쳤다고 합니다. 처음엔 '전前천년설' 을 믿었었고(이 학설이 바로 필자가 처음 예수님 믿을 당시 받아들였던 것임), 대학 때는 교수의 영향으로 '후後천년설' 을, 그리고 신학대학원 시절에도 교수에게 설득당해 '무無천년설' 을 받아들였다고 합니다. 그러다가, 그는 신학대학원에서 신약학 박사학위를 받고 나서 수년간 본격적으로 요한계시록 연구에 전념한 끝에, 드디어 요한계시록이 '계시문학' 이라는 확신을 얻게 되었습니다.

계시문학Apocalyptic Literature의 기원

계시문학은 주전 2세기부터 주 후 100년경까지 유대인과 교회에 널리 사용되던 글의 유형입니다. 이런 형식으로 쓴 책들은 주로 하나님의 백성이 환란과 핍박을 당할 때 쏟아져 나왔는데, 이전의 예언서들을 대신해서 하나님의 백성에게 메시지를 주기 위함이었습니다. 구약에 있는 여호수아, 사사기, 사무엘상, 사무엘하, 열왕기상, 열왕기하 등 유대인의 예언서들(유대인은 이것들을 '전前선지자들' Former Prophets이라고 불렀고, 이사야나 예레미야 등을 '후後선지자들' Later Prophets이라고 불렀음)을 보면 하나님과 하나님의 백성이 합력하여 역사를 이루어간다는 것이 강조되어 있습니다. 그러나 결국 이런 예언서는 바빌론 포로생활을 거치면서 거의 기록되지 않았습니다. 그것은 아마 하나님께 충성하는 경건하고 의로운 사람들이 복을 받고 성공하기보다는 오히려 핍박과 고난을 당하기 일쑤였기 때문일 것입니다. 이에, 하나님의 백성 사이에 역사를 다르게 보는 시각이 발달하기 시작했는데 이것이 계시문학을 태동시켰습니다.

이것은 예언서와는 달리 하나님께서 악한 이 세상에 사람의 손을 빌리지 않고 개입하셔서 극적으로 역사를 바꾸시고 자신의 목적을 이루신다고 보는 관점입니다. 특히, 유대인들이 바빌론 포로생활에서 돌아온 이후 시리아의 안티오커스 4세BC 175~163가 이스라엘을 침공해서 예루살렘 성전을 더럽히고 철권통치를 했던 주전 2세기 때 이런 사상이 고개를 들기 시작했습니다. 그리고 그 후 약 200년 동안 문서화 되어 유대인들 사이에 성행하다가, 1세기 때 교회가 환란과 핍박을 당하게 되자 그리스도인들이 이런 계시문학의 형식을 도입해서 메시지 전달수단으로 사용하게 된 것입니다. 신약성경의 요한계시록이 바로 이 계시문학 형식으로 기록된 책입니다.

레이 로빈스는 미국 뉴올리언즈 침례 신학대학원에서 교수로 재직하던 중 안식년을 맞아, 1961년부터 1962년 사이에 1년간 영국 옥스퍼드대학교에 가서 연구생활을 했습니다. 그는 세계적 명소인 그 대학교의 보들레이언 도서관에서 계시문학 형식으로 기록된 수많은 책을 발견하고 자신이 갖고 있던 확신이 옳았음을 확인하게 되었습니다. 그 중 요한계시록의 내용과 상당히 비슷한 책도 많았기 때문입니다. 이런 종류의 책들이 그 도서관 뿐만 아니라 다른 박물관이나 도서관에 지금 수백 권이나 남아 있다고 합니다. 2천 년 후인 지금까지 보존된 계시문학 책들이 수백 권이라면, 그 당시에 기록된 것이 수천에서 수만 권도 더 되었을 것을 능히 짐작하고도 남음이 있습니다.

계시문학과 코드Code

계시문학을 해석하기 어려운 이유는 전체 내용을 코드로 도배하다시피 했기 때문입니다. 숫자, 동물, 천재지변, 환상, 수수께끼 등을 사용해서 저자들이 말하고자 하는 바를 상징적으로 표현했습니다. 특히, 1세기 때의 그리스도인들은 위의 코드 외에 구약성경에 나오는 이미지를 많이 사용했습니다. 구약성경의 이야기에 등장하는 사건이나 인물을 따다가 저자가 전하고자 하는 메시지의 상징으로 사용했습니다. 나중에 살펴보겠지만, 요한계시록의 경우엔 무려 518개에 달하는 구약성경의 이미지 또는 아이디어를 갖다 사용했습니다. 요한계시록이 모두 404절로 되어 있는 것을 볼 때, 구약성경이 요한계시록에 차지하는 비중이 얼마만큼인지는 두말할 필요가 없을 것입니다.

이렇게 1세기 그리스도인들이 코드를 사용해서 계시문학 형식의 글을 쓴 이유는 그들이 로마제국의 박해를 받고 고통 속에 살았기 때문일 것입니다. 환란과 핍박 속에서도 신앙을 지키고자 하는 교회들이 하나님의 메시지를 주고받을 때 그들 사이에 약속된 코드를 사용했던 것입니다. 그리고 이렇게 코드로 기록된 문서를 받은 교회들은 받자마자 즉각 그 의미를 알아차렸을 것입니다.

천차만별의 해석이 나오는 이유

그런데 오늘날 요한계시록의 해석이 천차만별인 이유는 이 책을 계시문학으로 보지 않고, 앞에서 언급한 바와 같이 1세기 그리스도인들이 상징적으로 사용한 코드를 현대인의 시각으로 보기 때문입니다. 아울러, 그 코드를 어떤 것은 상징으로 보고, 어떤 것은 실지로 일어날 현상으로 보는 실수를 저지르기 때문입니다. 예를 들면, "일곱 영", "일곱 금 촛대", "일곱 뿔", "육백육십육" 같은 숫자는 상징으로 보면서, "삼 년 반", "십사만 사천", "두 증인", "천 년 동안 왕 노릇" 등은 실지 숫자로 해석하는 잘못을 범하고 있습니다. 또 "어린 양", "붉은 용", "짐승", "큰 음녀", "바빌론" 등은 상징이라고 하면서, "큰 지진", "시온 산", "아마겟돈", "무저갱", "새 하늘과 새 땅" 같은 것은 글자 그대로 보는 오류입니다. 상식적으로 볼 때, 전부 다 상징이든지 아니면 다 실지 현상이든지 해야지, 둘 다라고 보는 것은 타당하지 않습니다. 이것은 계시문학에 대한 무지 때문에 벌어지는 현상입니다.

이제 요한계시록을 신약성경의 다른 책들처럼 해석하면 안 되는 이유를 설명할 필요도 없을 것입니다. 만화가 산문이나 편지와는 다른 것처럼 요한계시록이 복음서나 서신서들과는 판이하게 다릅니다. 코드로 가득한 계시문학 형식의 책이기 때문입니다.

5 요한계시록과 시간성

요한계시록을 놓고 벌이는 논쟁 중 가장 두드러진 것은 '시간'의 문제입니다. 즉 요한계시록의 내용이 언제 성취되느냐 하는 것입니다. 이미 요한 당대에 다 성취된 이야기라고 주장하는 과거파Preterist가 있고, 1세기 때부터 예수님 재림 때까지 차근차근 벌어질 일들을 써내려간 것이라는 역사파Historical, 그리고 대부분 예수님의 재림 전후에 벌어질 미래의 이야기를 쓴 것이라는 미래파Futurist가 있습니다. 또 소위 천년왕국이라는 것을 놓고 전천년설, 후천년설, 무천년설 등으로 의견이 갈리기도 합니다. 휴거가 일어날 시점을 놓고도 견해 차이가 큽니다.

요한계시록은 역사책이 아니다

이런 시간의 문제 역시 요한계시록이 계시문학이라는 것을 알면 생각보다 쉽게 풀릴 수 있습니다. 계시문학이지 역사책이 아닙니다. 요한계시록은 과거에 벌어진 일들을 회상하거나 미래에 벌어질 일들을 예견해서 쓴 것이 아니라, 시간과 관계없는 상징적인 글로써 하나님의 메시지를 전달한 것으로 이해해야 합니다. 즉 시간성으로 보지 말고 믿음의 눈으로 보고 하나님의 의도를 알 수 있어야 합니다. 요한계시록의 내용은 어제나 오늘이나 내일이나 한결같으신 하나님, 요한계시록의 표현으로 "알파와 오메가"요 "이제도 계시고 전에도 계셨고 장차 오실 이"이신 하나님께서 자신의 역사를 이루어가시는 이야기이지, 언제는 이렇게 하셨고 또 언제는 저렇게 하셨다는 시간성과는 무관합니다.

나중에 살펴보겠지만, 4장 1절부터 계속 등장하는 "이 일 후에"라는 말을 실지로 벌어질 사건을 시간순으로 나열한 것으로 오해하는데, 이것은 단지 요한이 환상을 본 순서를 표현한 것뿐입니다. 즉, 요한이 '내가 이것을 본 후에 저것을 봤다' 이런 식으로 기록했을 뿐인데, 이것을 말세에 벌어질 현상을 시간순으로 쓴 줄로 착각한 것입니다.

그럼 요한계시록을 어떻게 봐야 합니까? 우선 수신자인 1세기 교회들의 처지에서 봐야 합니다. 그 당시 그들이 처한 상황에서 이해하려는 노력이 다른 무엇보다도 선행되어야 합니다. 오늘날의 우리는 요한계시록이 성경책에 수록되어 덤으로 복을 받고 있지만, 이 책이 일차적으로 오늘 우리를 위해 기록된 것이 아님을 알아야 합니다. 아울러, 하나님의 메시지는 과거와 현재와 미래에 관계없이 언제나 같은 하나님의 목적과 의도를 담고 있기 때문에, 1세기 교회 성도들이 이해한 메시지가 오늘날 환경만 다를 뿐이지 우리에게도 또한 그대로 해당함을 알아야 합니다. 즉, 요한계시록은 '시간을 초월해서' timeless 성취되는 하나님의 목적을 계시문학이라는 독특한 형식을 빌려 기록된 것임을 항상 기억해야 합니다.

성경이 가리키는 말세

여기서 잠깐, 성경이 말하는 '말세' The Last Days에 대해 바로 짚고 넘어갈 필요가 있습니다. 전에 목장사역(또는 셀교회)으로 부흥했다는 교회를 방문한 적이 있는데, 며칠 동안 관찰해보니 교인들이 매우 헌신 되어 있기는 한데 겉의 목장활동 이면에 뭔가 그들을 움직이는 힘이 작용하고 있음을 감지하게 되었습니다. 교인들의 입에서 심심치 않게 흘러나오는 단어들이 말세에 관한 것이어서 긴장감 같은 것이 감돌고 있었기 때문입니다.

그래서 그 교회의 사역자에게 교인들을 헌신케 하는 원동력에 대해 솔직하게 말해보라고 했더니 "우리는 목장사역 이외에 교인들을 말세론으로 잡는다."라고 고백했습니다. 이 교회뿐만 아니라 '말세가 아주 가까웠다.' 라는 분위기로 순진한 사람들을 사로잡는 경우가 많이 있습니다. 그러나 흔히 우리가 사는 21세기 현재가 말세라고 알고 있지만, 이것은 이 세상의 말세 사상이 교회 안으로 들어온 것이지 성경은 그렇게 말하고 있지 않습니다. 아래의 성경 구절을 보면 이것을 금방 알 수 있습니다.

> 너는 이것을 알라 말세에 고통하는 때가 이르러…_딤후3:1
>
> 이 모든 날 마지막에는 아들을 통하여 우리에게 말씀하셨으니… _히1:2
>
> …너희가 말세에 재물을 쌓았도다 _약5:3
>
> 아이들아 지금은 마지막 때라 적그리스도가 오리라는 말을 너희가 들은 것과 같이 지금도 많은 적그리스도가 일어났으니 그러므로 우리가 마지막 때인 줄 아노라 _요일2:18

보셨습니까? 전부 다 편지를 썼을 당시를 가리키고 있습니다. 그 말은 1세기 당시만 말세라는 것이 아니고 그때부터 예수님의 재림 때까지 계속 말세라는 뜻입니다. 성경이 가리키는 말세는 이 세상의 종말 직전을 말하는 것이 아니고, 예수 그리스도의 십자가와 부활과 승천, 그리고 성령 강림 이후 교회가 시작된 시점부터 시작해서 주님의 재림 때까지를 전부 포함하는 것입니다. 따라서 2천 년 전의 초기 교회도 말세를 살았고, 천 년 전의 교회도 말세를 살았고, 오늘 우리도 교회로서 말세를 사는 것입니다.

그러므로 요한계시록의 내용이 어린 양 예수님께서 십자가에서 모든 것을 다 이루시고 교회가 탄생할 때부터 재림하실 때까지의 얘기라는 면에서는 말세와 관련이 있습니다. 하지만, 이 세상 종말 직전과 직후의 얘기라고 하면 그것은 절대로 맞지 않는 말입니다. 요한계시록의 내용은 시간과 상관없이 교회를 중심으로 벌어지는 일들을 상징적으로 묘사한 것이기 때문입니다.

6 프랑켄슈타인과 모자이크 종말론

나중에 좀 더 자세히 살펴보겠지만, 요한계시록의 내용은 예수님을 처음 믿었을 때 필자가 받아들였던 종말론과는 별로 관계가 없습니다. 앞에서 언급한 것처럼, 이런 종말론은 시한부 종말론자들 및 수많은 사이비와 이단의 트레이드 마크나 다름없는데, 소위 정통 기독교 중에서도 이런 종말론을 주장하는 지도자가 심심치 않게 많이 있습니다.

프랑켄슈타인과 모자이크

이런 종말론은 요한계시록이 말하고자 하는 핵심엔 관심 없이 자신의 주장에 요한계시록을 갖다가 억지로 끼워 맞춘 것입니다. 이런 주장은 주로 구약성경의 이사야, 에스겔, 다니엘 등에서, 그리고 신약성경의 공관복음, 데살로니가 전 · 후서, 그리고 요한계시록 등에서, 여기서 조금 저기서 조금 뜯어다가 혼합해서 만든 것입니다.

이것은 200년 전, 영국의 메리 셸리 라는 여자가 쓴 소설인 『프랑켄슈타인』*Frankenstein*에 나오는 괴물을 연상시킵니다. 과학자인 프랑켄슈타인이 완벽한 인간을 만들겠다는 욕망으로 이 시체에서 한 부분, 저 시체에서 한 부분 이런 식으로 잘라다가 사람을 만들었지만 결국 괴물이 하나 생겨났듯이, 성경 여기저기에서 필요한 부분만 가져와서 그럴듯한 종말론이 탄생한 것입니다. 마치 어렸을 때 미술 시간에, 이 그림 저 그림에서 필요한 색깔을 찢어다가 만들었던 모자이크를 연상케 하는 종말론입니다.

억지로 갖다 맞춘 시간표

그럼 이런 식으로 꿰맞춰서 만들어진 종말론의 문제가 무엇일까요? 각기 다른 얘기를 하는 성경 본문 이것저것을 갖다 붙여 하나의 얘기로 통일시킨 것이 문제입니다. 예를 들면, 다니엘이 말하는 '마지막 때'라는 것은 주전 2세기의 시리아가 이스라엘을 점령했을 시기부터 그 이후를 뜻하는 것이고, 마태복음 24장과 마가복음 13장, 그리고 누가복음 21장에서 예수님께서 말씀하신 '세상 끝'은 이 세상의 종말이 아니고 AD 70년에 예루살렘이 로마군대에 의해 짓밟혀서 멸망할 것을 말씀하신 것인데, 이런 것들과 시간을 초월한 하나님의 역사를 쓴 요한계시록을 혼합시켜버렸습니다. 그렇게 해서, 요한계시록이 졸지에 세상의 종말 전후에 있을 일들을 묘사한 책으로 둔갑해버린 것입니다. 이렇게 각기 다른 시간대의 이야기와 시간과 상관없는 이야기를 억지로 갖다 꿰맞춰서 같은 시간으로 몰아버린 것이 치명적인 문제입니다.

이렇게 억지로 갖다 맞춘 예로, 다니엘 2장에 등장하는 느부갓네살 왕의 꿈에 나오는 신상의 종아리와 발에 해당하는 나라를 잘못 해석한 것도 들 수 있습니다. 이 나라를 로마제국이라고 오해해서, 이 로마제국의 후예인 오늘날의 유럽이 바로 다니엘이 예언한 마지막 나라이고, 거기서 적그리스도가 나올 것이라는 억지주장입니다. 그런데 그 마지막 나라는 로마제국이 아니고 알렉산더 대왕이 죽고 난 후 사방으로 갈라진 마케도니아의 후예이고, 그 중의 하나가 바로 구약성경의 다니엘이 기록될 당시인 주전 2세기의 시리아를 가리키는 것입니다(다니엘이 살았던 때는 주전 6세기이지만 다니엘이 기록된 때는 주전 2세기로 봐야 함). 그리고 마지막 때의 적그리스도를 지칭한다고 오인되는 존재는 그 당시 시리아의 황제인 안티오커스 4세를 지칭합니다. 다니엘의 내용과 요한계시록의 내용은 아무런 상관이 없는데 자꾸 이 둘을 연결해서 억지로 시간을 맞추려는 잘못을 범하고 있습니다.

모자이크의 원판과 같은 것

그런데 억지로 갖다 맞추긴 했지만 이런 종말론이 그럴 듯하게 보이는 이유가 있습니다. 프랑켄슈타인 박사가 사람을 만들 때 그냥 신체 부위를 아무렇게나 붙여 만들지 않았고, 머리가 있어야 할 곳에 머리, 손이 들어가야 할 곳에 손, 발이 들어가야 할 곳에 발 이런 식으로 사람의 전신 각 부분에 맞게 갖다 맞췄습니다. 우리가 모자이크를 만들 때도 아무 색깔이나 마구 뜯어다 붙이지 않습니다. 먼저 만들 모양을 스케치한 후 거기에 필요한 색깔들을 뜯어다 붙입니다. 원판이 있어야 한다는 말입니다.

위에서 말한 종말론에도 그럴싸한 원판이 있는데 그게 바로 이스라엘이라는 나라입니다. 구약시대에 하나님의 백성이었던 저 중동의 이스라엘이 지금도 여전히 하나님 역사의 중심에 서 있다는 사상입니다. 이것은 인류역사를 주관하시는 하나님의 시계의 바늘이 이스라엘 나라가 망한 1세기 때 멈췄다가, 말세에 다시 돌아가기 시작해서 역사가 이스라엘 중심으로 마무리될 것이라는 이론입니다. 시곗바늘이 멈춘 상태에서 전 이스라엘과 후 이스라엘 사이에 샌드위치처럼 끼어 있는 것이 교회시대라는 주장입니다.

이런 종말론은 지금부터 약 200년 전에 영국의 존 넬슨 다비John

Nelson Darby라는 사람이 처음 주장한 것으로 알려졌습니다. 다비는 대학을 다니던 19세 때 이사야와 다니엘을 근거로 해서, 말세가 되면 팔레스타인 땅에 이스라엘 나라가 회복되어 구약시대처럼 이스라엘이 다시 하나님 계획의 중심에 서게 되고 그 후에 천년왕국이 도래할 것이라는 주장을 폈습니다. 이런 사상이 1880년 이후 미국으로 건너가 신학교들을 통해 전수되어 수많은 목사와 선교사에 의해 전 세계로 뻗어나가게 된 것입니다.

1900년 만에 나라를 회복한 이스라엘

그런데 신통하게도, 1900년 동안이나 나라 없이 떠돌던 유대인들이 1948년에 옛 이스라엘 땅인 팔레스타인에 국가를 세우고 독립을 선언했으니 이런 종말론을 주장하는 사람들이 얼마나 힘을 얻었겠습니까? "무화과나무의 비유를 배우라"마24:32라는 예수님의 말씀이 드디어 성취되었다며 이제 종말이 머지않았다는 기대감이 커졌습니다. (같은 1948년에 대한민국도 독립했으므로 이제 말세의 제사장 나라가 이스라엘에서 대한민국으로 옮겨왔다는 어처구니없는 주장을 펴는 사이비도 한국에 꽤 있음.) 더구나, 독립한지 20년도 채 지나지 않은 1967년 6월 5일부터 10일까지 벌어진 이스라엘과 아랍 연합국 사이의 전쟁에서, 이스라엘이 삽시간에 영토를 세 배나 확장하고 승리하자 종말론자들은 흥분할 수 밖에 없었을 것입니다. 이때 이스라엘이 그동안 요르단에 속해 있던 예루살렘을 손에 넣었으므로 그들에게는 이것이야말로 종말이 가까워져 온, 더없이 확실한 증거였습니다.

'6일 전쟁' 이라 불리는 이 전쟁에서 아랍연합군은 400여 대의 항공기와 800여 대의 탱크를 잃었습니다. 그리고 2만 1천여 명이 전사하고 4만 5천여 명이 다쳤습니다. 이에 반해, 이스라엘군의 손실은 항공기 40대와 800여 명의 전사자, 그리고 2천 5백여 명의 부상자에 불과했습니다. 이를 두고, 어떤 사람들은 3000년 만에 '다윗과 골리앗'의 싸움이 재현되어 또다시 다윗인 이스라엘이 골리앗인 아랍연합군을 물리친 기적이 벌어졌다고 했습니다. 하나님께서 이스라엘을 위해 6일 동안 일하시고 나서 7일째 안식하셨다고도 했습니다. 좀 황당하게 갖다 꿰맞췄지만, 그들에게는 더할 나위 없이 좋은 증거였을 것입니다.

너무나도 맞아떨어지는 듯한 이 같은 증거 때문에 이 땅의 이스라엘이 하나님의 계획의 중심에 있다는 사상이 무게를 더해갔습니다. 다만, 정통 기독교 안에서 이런 사상을 고수하는 사람들과 그렇지 않은 사람들과의 차이는 여러 가지가 있지만 그중에서 두드러진 것 중 하나가, 정통은 중동의 이스라엘이 계속 하나님 계획의 중심에 있다고 주장하고, 사이비나 이단 중 상당수는 말세인 지금 그 이스라엘이 바로 자신이라고 우기는 것입니다. 이래저래 성경 여기저기서 서로 관계없는 것들을 잘라다가 이스라엘이라는 원판에 꿰맞추려는 시도는 같습니다. 이것을 '프랑켄슈타인과 모자이크 종말론'이라 칭해도 무방할 듯합니다.

7
요한계시록과 코드

필리핀의 골프장에서는 샷을 잘하거나 버디를 잡거나 할 때 '신동파' 또는 '동파' 라는 소리를 심심치 않게 들을 수 있다고 합니다. 또 시내버스 기사나 택시 기사들도 자동차에 '신동파' 라고 써 붙이고 다니는 경우가 많다고 합니다. 필리핀에서 '일이 잘 풀린다.' 또는 '행운', '성공' 등의 의미로 사용되는 이 말을 지금 50대 이상의 한국인은 아마 금방 알아들을 것입니다.

오늘날 요한계시록의 내용이 낯선 이유

필자가 중학생 때인 1969년의 방콕 아시아 농구 선수권대회와 1970년의 방콕 아시안게임 농구경기 라디오 중계방송을 지금도 잊을 수 없는데, 그 당시 한국은 신동파라는 걸출한 농구 선수의 신들린 활약으로 두 대회 다 우승을 차지했습니다. 1969년 대회까지 한국은 아시아 농구의 최강인 필리핀에 눌려 단 한 번도 우승을 한 적이 없었는데, 이 대회의 결승전인 필리핀과의 경기에서 무려 50점을 획득한 신동파 선수의 대활약에 힘입어 95대 85로 필리핀을 꺾고 우승을 차지하는 이변을 연출했습니다.

이때 국기가 농구였던 필리핀 국민은 당연히 이길 줄 알았던 경기에서 자국 대표팀이 패하자, 종횡무진 코트를 누비며 승리를 앗아간 신동파 선수를 주목하고 그를 '농구의 신' 처럼 떠받들기 시작했습니다.

이후로 누가 먼저 시작했는지는 모르지만, 필리핀 사람들은 좋은 일이 있을 때 '신동파' 라는 말을 즐겨 쓰게 되었다고 합니다. 그리고 요즈음도 40대 이상의 필리핀 사람 중 신동파 선수를 모르는 사람은 거의 없고, 20대 이상도 절반 정도는 그의 이름을 알고 있다고 합니다.

그런데, 만일 서양 사람 앞에서 '신동파' 라고 한다면 어떻게 반응할까요? 서양 사람은커녕 아마 요즈음은 한국의 십 대나 이십 대 앞에서 '신동파' 라고 해도 무슨 뜻인지 알 수 없을 것입니다. 새로 나온 정치 세력이나 조직폭력 일당이라고 생각할지도 모릅니다. 40년밖에 지나지 않았는데도 한국의 신세대에게 생소한데, 만약 2천 년이 지나면 어떻겠습니까? 이게 바로 오늘날 우리가 요한계시록의 내용을 금방 이해할 수 없는 이유입니다. 요한계시록이 기록된 당대의 교회 성도들은 읽기만 해도 통했던 코드가 오늘의 우리에게는 낯설게만 느껴지기 때문입니다. '신동파' 라는 말이 요즘 세대에게 낯선 것과 매한가지입니다.

요한계시록의 숫자 코드

피타고라스라는 이름을 들으면 우리는 금방 수학을 떠올립니다. 하지만, 그가 살았었던 지금부터 2천5백 년 전에 수학이라는 학문은 존재하지 않았습니다. 오늘날 우리 시대의 눈으로 봤을 때 그가 수학자이지, 실은 그가 종교적 개념을 숫자로 설명한 최초의 사람이었다고 합니다. 그에게서 영향을 받은 후대의 그리스 사람들이 종종 숫자로 메시지를 전달하곤 했는데, 이것을 유대인들이 받아들여 계시문학의 글에 코드로 사용했고, 나중에 그리스도인들 역시 이것을 받아들여 코드로 사용하게 되었습니다.

따라서 계시문학 형식의 책인 요한계시록에 나오는 숫자는 전부 다 어떤 개념을 설명하는 코드이지 우리가 생각하는 산수의 숫자가 아님을 아는 것이 매우 중요합니다. 이것을 놓치면 앞으로 올 대환란이 7년이라든지(요한계시록엔 7년이란 말이 없는데, 이것은 3년 반을 두 개 더해서 억지로 만들어낸 것임), 대환란 때 구원받을 유대인의 숫자가 십사만 사천 명이 될 것이라든지, 실지로 천 년간 지속할 왕국이 도래할 것이라든지, 천국에 가면 정말 진주대문이 12개가 있을 것이라는 등의 순진한 생각을 하게 됩니다. 이런 숫자는 다 뭔가를 상징하는 것이지 실지 숫자가 아닙니다. 숫자로 된 코드라는 말입니다.

요한계시록에 등장하는 주요 숫자 코드가 1세기 당시에 무엇을 상징했었는지 아래에 소개합니다. 요한계시록을 읽을 때마다 이런 숫자를 보면서 오늘날의 숫자 개념은 머릿속에서 지워버리고 아래와 같은 상징적 개념을 떠올려야 바로 해석할 수 있을 것입니다.

2 = 합심, 동역, 배가된 힘, 공동체

3 = 신성, 하늘, 하나님

4 = 땅, 피조물, 세상

7 = 완전(3 + 4, 즉 하늘과 땅을 합쳐놓은 것이므로 '완전함'을 상징, 요한계시록에 제일 많이 나오는 숫자로 모두 54번이나 등장함)

6 = 불완전(완전수인 7에 미치지 못하는 숫자)

정체불명의 숫자, '알 수 없지만 제한됨'을 뜻함(완전수인 7의 절반)

요한계시록에 '3년 반', '마흔두 달(3년 반)',

'일천이백육십 일(3년 반)', '한 때와 두 때와 반 때(사흘 반)'

등으로 나오는데 전부 다 같은 뜻임

10 = 사람의 완전함, 사람의 힘(그 당시엔 손가락 열 개와 발가락 열 개를 모두 다 가진 사람을 온전하다고 여겼음)

12 = 종교, 하나님의 선택, 하나님의 가족, 교회

100 = 세상

1000 = 메시아의 왕국, 하나님의 통치

144,000 = 12x12x1000 = 교회, 하나님의 백성

(24=12+12, 144= 2x12도 같은 개념)

요한계시록과 구약성경

앞에서 언급한 대로, 요한계시록은 어디를 봐도 구약성경의 내용이나 이미지가 없는 곳이 없을 정도로 구약성경으로 도배하다시피 한 책입니다. 누가 세어봤는지는 모르지만, 총 404절에 구약성경과 관련된 것이 무려 518개나 된다고 합니다. 주로 출애굽기, 시편, 이사야, 에스겔, 다니엘 등에 있는 내용이나 이미지가 사용되었는데, 물론 거기서 말하는 뜻을 그대로 옮긴 것이 아니라 뭔가를 상징하기 위해 메시지 전달 수단으로만 활용한 것입니다.

예를 들면, "일곱 인"의 처음 네 개에 등장하는 말들은 스가랴 1:7~17에서 따왔고, "일곱 나팔"과 "일곱 대접"의 처음 네 개에 나오는 재앙들은 대부분 출애굽기의 애굽에 내린 열 가지 재앙에서 이미지를 따온 것입니다. 종종 이것을 소위 대환란 때 실지로 벌어질 현상으로 오해하곤 하는데, 그것이 아니라 구약성경에서 따온 이미지로 하나님의 심판의 극렬함을 설명하려 한 것뿐입니다.

요한계시록이 이처럼 숫자 코드와 구약성경의 이미지로 가득한 책이라는 것만 알아도 요한계시록을 해석하는 데 있어 큰 실수는 하지 않을 것입니다. 요한계시록을 읽을 때 그 내용이 코드로 기록된 계시문학임을 한시도 잊으면 안 됩니다.

8 요한계시록과 2012년 종말설

이 책을 집필하는 2009년 현재, 필자가 사는 미국에서는 소위 '2012년 종말설'이 심심치 않게 퍼져 나가고 있습니다. 이미 이것에 대해 쓴 책이 헤아릴 수 없을 정도로 많이 나와서 서점을 가득 메우고 있습니다(인터넷 서점인 amazon.com에 들어가 '2012'라고 키워드를 치면 무려 6만 개 이상의 검색 결과가 나옴). 그런데 이것을 주장하는 사람들은 이전의 종말에 대한 주장과는 달리 과학적인 근거도 제시하며 상당히 일리가 있음을 강조합니다. 미국의 정평 있는 과학 TV 채널인 〈히스토리 채널〉과 〈내셔널 지오그래픽 채널〉같은 데서 이것에 대해 방영했을 정도입니다.

2012년 종말설의 과학적 근거

이들이 제시하는 과학적 근거는 2012년 12월 21일에 태양이 은하계의 적도와 지구 사이에 들어가 정확히 일직선을 이루는 현상을 말하는데, 이것은 무려 2만 5천 8백 년을 주기로 나타나는 현상으로써 그때 뭔가 엄청난 지각변동이 일어날 것이라고 합니다. 그때는 또 태양의 흑점이 11년 주기로 가장 커지는 시기와 겹치므로 더욱 신빙성이 있다는 견해도 있습니다. 지구의 자기장이 역전되어 상상을 초월하는 천재지변이 일어나 종말이 온다는 것입니다.

이런 과학적 근거에 날개를 달아주는 예언이 있는데, 약 1,500년 전에 만들어진 마야 문명(지금의 멕시코와 과테말라 지역)의 달력에 나오는 역사의 마지막 날이 2012년 12월 21일이라는 사실입니다. 마야 문명은 그 당시 다른 문명사회가 따라갈 수 없는 고도로 발달한 문명을 이루었었는데, 2천 미터 이상 되는 고산의 오지에 첨단 도시를 건설할 정도로 대단했습니다. 그들은 특히 천문학에 관심이 많았는데, 천체 연구를 토대로 해서 오늘 우리가 사용하는 태양력보다 더 정확한 달력을 갖고 있었다고 합니다. 이런 마야 달력에 역사의 끝을 2012년 12월 21일이라고 했으니 이것은 예언이라기보다 과학적 근거로 보아야 한다고 주장하는 사람도 있습니다.

2012년 종말설을 주장하는 다른 예언들

종말에 관한 예언에 단골로 등장하는 노스트라다무스라는 사람이 있습니다. 500년 전에 기록된 그의 종말에 관한 예언을 두고 해석이 구구한 것은 이미 널리 알려진 사실이지만, 최근에 이전 것과는 다른 그의 새로운 예언서가 발견되었는데 여기에 지구의 멸망 시점이 2012년으로 되어 있다고 합니다. 이 예언서에는 7개의 그림이 등장하는데 이 그림이 암시하는 바가 2012년 12월 21일에 있을 은하계의 적도와 태양과 지구가 일직선상에 놓이는 현상과 일치한다고 합니다. 노스트라다무스도 천체를 연구한 사람이므로 이 현상을 미리 내다보며 뭔가 큰일이 벌어질 것을 예견한 것 같습니다.

또 중국의 주역에 근거해서 2012년 종말설을 주장한 사람도 있습니다. 몇 년 전 세상을 떠난 미국의 테렌스 맥케나 라는 사람인데, 그는 주역을 토대로 'Time Wave Zero' 라는 이론을 만들었습니다. 그 이론에 의하면 역사의 끝이 역시 2012년 12월 21일이라는 것입니다. 마야 문명과 노스트라다무스가 예고한 종말의 시기와 일치합니다.

최근 들어 컴퓨터를 사용해서 앞날을 예견하는 예도 있습니다. 1990년대 후반에 생긴 web.bot라는 것인데, 원래는 인터넷상의 수많은 자료를 분석해서 주식시장의 미래를 예측하는 시스템이었던 것이 2001년에 있었던 911사태를 석 달 전에 예견하면서 종말론자들의 관심 대상이 되었습니다. 그런데 이 web.bot시스템으로 조금 더 먼 미래를 예측했더니 2012년에 전 세계적인 재앙이 닥칠 것이라는 분석이 나왔다고 합니다.

2012년 종말설과 요한계시록이 무슨 관계가 있는가?

이런 종말에 관한 예언이 등장할 때마다 꼭 갖다 붙이는 것이 있는데 두말할 필요도 없이 요한계시록의 내용입니다. 위의 2012년 종말설도 물론 예외가 아닙니다. 요한계시록에서 말하는 재앙이 바로 2012년을 지목하고 있다는 것입니다. 마침내 요한계시록의 예언이 성취될 때가 왔다고 흥분하는 사람들도 있습니다.

그렇다면, 지난 2천 년 동안 요한계시록을 사용해서 종말이 왔다고 했던 경우가 수도 없이 많았었는데 과연 이번엔 진짜일까요? 이 질문에 대한 대답은 생각보다 아주 간단합니다. 앞에서 이미 요한계시록이 어떤 성격의 책인지에 대해 살펴보았기 때문입니다. 따라서 2012년에 이 지구의 종말이 올지, 오지 않을지는 모르겠지만 한 가지 분명한 사실은 요한계시록의 내용이 2012년 종말설과는 무관하다는 것입니다. 언젠가는 세상의 끝이 오겠지만, 요한계시록에서 말하는 심판은 과거, 현재, 미래를 다 포함합니다. 즉 하나님께서 타락한 세상에 항상 심판을 내리시므로 이 세상은 늘 심판 가운데 있다는 사실입니다. 요한계시록이 이것을 말하고자 함입니다.

그러므로 요한계시록을 미래에 올 종말과 연결하려는 시도는 무의

미한 정도가 아니라 그 내용을 왜곡시킬 위험성이 있습니다. 이 세상의 끝에 관해서는 하나님께 맡기고 우리는 오늘 하나님의 목적을 이루는 일에 전념해야 합니다. 오늘 밤에 이 세상의 종말이 올지라도 상관없도록 늘 준비된 것이 중요하지, 언제 종말이 올 것인지는 우리의 소관이 아님을 알아야 합니다. 요한계시록은 종말에 실지로 벌어질 일들을 기록한 것이 아니라 어떤 환경에도 하나님의 목적을 이루어가는 예수님의 교회에 관한 이야기임을 꼭 기억해야 합니다.

2부

요한계시록의 서론과 교회들에 하시는 말씀

9
요한계시록의 배경

제 2부에서부터는 요한계시록의 본문 내용을 다루게 되는데, 이 책은 주석이 아니고 요한계시록이 말하고자 하는 메시지에 초점을 맞췄으므로, 모든 구절을 일일이 다 해석해놓은 것이 아님을 주지하기 바랍니다.

제1부에서 우리는 요한계시록이 계시문학이라는 것을 살펴보았는데, 계시인 동시에 "예언의 말씀"[1:3]이고 또 '편지'[1:4,11]이기도 합니다. 즉, 요한계시록은 계시의 시각과 예언의 시각이 합쳐진 글로써 여러 수신자에게 보내진 편지입니다.

계시로서의 요한계시록

요한계시록의 저자는 책의 서두를 "예수 그리스도의 계시라"[1:1]로 시작하는데, 요한계시록의 헬라어 원문에는 첫 단어가 'apocalup-sis(아포칼륩시스)' 즉 "계시"로 되어 있습니다. 요한계시록이 '계시문학' 이라는 독특한 형태의 글인 것을 독자들에게 밝히면서 시작한 것입니다. '계시' 라는 말은 '커튼을 열다.' 또는 '뚜껑을 열다.' 의 뜻으로써 예수 그리스도께서 뭔가 비밀의 열쇠를 갖고 계심을 암시하고 있습니다. 즉 요한계시록은 예수님께서 드러내시고자 하는 것을 계시의 시각으로 기록한 책임을 알 수 있습니다.

1:1의 끝 부분에 있는 "알게 하신 것이라"는 헬라어로 '세마이노' 인

데 직역하면 '표지판을 주셨다.' 입니다. 이 단어는 요한복음에 자주 등장하는 "표적"이라는 말의 동사 형으로써, '가리키다, 지시하다' 라는 뜻입니다. 즉, 하나님께서 요한에게 '표지판' 을 보여주셔서 증거하게 하셨음을 알 수 있습니다. 말하자면, 계시문학체의 글을 표지판으로 사용해서 예수 그리스도께서 "반드시 속히" 하시는 일을 알려주고자 기록한 것이 요한계시록이라는 것입니다.

그러므로 표지판이 가리키는 실체를 보지 못하고 표지판의 디자인에 홀려 있으면 요한계시록을 우스꽝스러운 책으로 둔갑시켜버립니다. 이것은 예수님께서 행하신 기적을 표지판으로 보지 못하고, 그 기적 자체에 사로잡혀서 예수님을 임금으로 삼으려 했던 유대인들의 잘못을 되풀이하는 것입니다.요6:15 강아지가 주인이 손으로 가리키는 목표물은 볼 생각도 않고 그 손만 뚫어지게 쳐다보는 것과 매한가지입니다. 요한계시록의 내용이 뭔가를 가리키고 지시하는 표지판이라는 것을 꼭 기억하고 읽어야 합니다. 계시라는 말입니다.

예언으로서의 요한계시록

예언은, 앞에서 잠깐 언급한 바와 같이, 하나님께서 자신의 뜻을 백성에게 알게 하셔서 그들로 하여금 지키고 순종하게 하시려는 의도로 주시는 것입니다. 즉, 하나님과 하나님의 백성이 합력하여 역사를 이루려고 그 백성에게 주시는 것이 예언입니다. 따라서 요한계시록은 하나님께서 하나님의 백성인 교회와 합력하여 자신의 목적을 성취하신다는 내용을 포함하고 있기 때문에 예언의 범주에도 속합니다. 1:3에서 "예언의 말씀"이라고 한 것은 바로 이 때문입니다. 마지막 부분인 22:7과 22:10에도 이것을 강조하고 있습니다.

예언은 무슨 미래에 있을 일을 예견하고 맞추는 것이 아닙니다. 이것은 앞에서도 언급했듯이 세상의 예언 개념이 교회에 들어와 고착된 것이지 성경적이라 할 수 없습니다. 유대인들이 구약성경의 여호수아, 사사기, 사무엘상 · 하, 그리고 열왕기상 · 하 같은 책들을 '예언서' 라고 한 것만 봐도 하나님의 백성에게는 원래 예언의 개념이 달랐습니다. 성경적 개념의 하나님이 하신 예언은 과거, 현재, 그리고 미래를 총망라한 하나님의 뜻에 관한 것입니다. 1:4과 1:8에서 반복하여 강조한 바와 같이 하나님은 시간을 초월하시는 분이기 때문입니다.

따라서 하나님께서 주신 예언은 하나님의 백성이 그것을 읽고 듣고 한 다음 그것을 '지켜서' 하나님의 목적과 뜻을 성취하는데 그 목적이 있습니다.1:3 그래서, 1세기 때 요한계시록을 읽고 들은 교회 성도들은 그 내용을 이해하고 이 예언의 말씀을 지키려고 애썼을 것입니다. 하지만, 문제는 오늘날은 요한계시록의 말씀을 지키는 것은 고사하고, 읽고 들어도 전혀 이해하지 못하는 데 있습니다. 그리고 이 세상의 종말에 일어날 현상인 것으로 잘못 짚고 엉뚱하게 지키는 데 있습니다.

여기서 지키라고 했을 때 그것은 1세기 성도들이 먼저 예언의 말씀을 지켜서 하나님의 목적이 성취됨을 당대에 체험했어야 하고, 더 나아가서 오늘 우리도 지켜서 역시 우리 시대에도 하나님의 목적이 이루어질 수 있어야 합니다. 만일 1세기 성도들로 하여금 그 당시에는 전혀 상상도 할 수 없었던 20세기 이후의 현상들에 대비하며 지키라고 했다면 그것은 예언을 주신 목적에 맞지 않으므로, 요한계시록이 2천 년 후에나 벌어질 얘기를 쓴 것일 수는 없습니다. 그러므로 오늘날 우리가 하나님의 예언의 말씀인 요한계시록을 제대로 지키고 순종하려면 일단 그 내용이 1세기 성도들에게 어떤 의미였는지를 바로 이해하는 것이 선행되어야 합니다.

두 시대와 요한계시록

바빌론 포로생활 이후 이스라엘 땅으로 돌아온 유대인들의 후예는 시대를 나눌 때, 그들이 살고 있던 '현시대'와 '앞으로 올 시대', 이렇게 두 시대가 있다고 생각했습니다. 즉 이전의 이스라엘의 영광은 온데간데 없어지고 고달픈 삶이 지속되자, 그들이 살고 있던 현세는 악과 부조리와 고통으로 가득한 불완전한 시대이고, 앞으로 나타날 시대는 메시아가 통치하는 새롭고 완벽한 시대일 것이라고 이해했습니다. 그래서, 악한 현시대는 제아무리 노력해도 바꿀 수 없으므로 하나님께서 메시아를 보내셔서 현세에 종지부를 찍고 새로운 세상을 열어 통치하실 날만을 손꼽아 기다리게 되었습니다. 이런 기대감에서 계시문학이 태동하게 되었던 것입니다. 하나님과 하나님의 백성이 합력하여 새 역사가 이뤄진다고 보던 예언의 관점과는 다른, 하나님께서 일방적으로 개입하셔서 새 시대를 여실 것이라는 관점이 우위를 차지하게 되었습니다.

이런 관점이 굳어져서, 새 시대를 사모하며 메시아를 대망하던 유대인들은 메시아 비슷한 존재만 나타나면 주목하며 그를 따랐다가 결국 아닌 것이 드러나서 흐지부지된 적이 많았었는데, 예수 그리스도께서 오셨을 때에도 똑같은 현상이 벌어진 것을 우리가 복음서들에서 확인할 수 있습니다. 그들이 이렇게 우왕좌왕했던 것은 그들의 고정관념 때문입니다. 현세와 앞으로 올 시대를 별개의 것으로만 여겼기에, 즉 하나님의 목적과 의도에 무지했기 때문에 메시아가 오셨는데도 결국 알아보지 못했습니다. 예수가 메시아라면 자기들의 눈앞에서 글자 그대로 경천동지할 일을 벌여서 새로운 지상낙원을 펼쳐야 한다는 논리에 집착한 나머지 그들의 눈이 멀어 있었기 때문입니다.

그렇지만, 우리가 알거니와 예수 그리스도께서 이 땅에 오셨을 때

그분은 이전 시대를 뒤엎고 그 자리에다 유대인들이 바라던 메시아의 지상낙원을 만드신 것이 아니라, 하나님의 사람들로 하여금 현세와 앞으로 올 시대를 동시에 살아가게 하는 그런 새 시대를 여셨습니다. 그래서 우리가 지금 이 땅의 시민이고 또 하늘나라의 시민으로서 '두 시대'를 동시에 사는 하나님의 백성이 된 것입니다. 이것이 복음서와 바울의 편지들이 보편적으로 주장하는 하나님 나라의 개념입니다.

이 하나님 나라가 예수님의 성육신과 십자가와 부활과 승천, 그리고 성령의 오심으로 밝히 드러났는데, 이것이 바로 계시적 시각으로 본 하나님의 역사입니다. 하나님을 떠나 타락해버린 악한 이 세상에 하나님께서 예수 그리스도로 말미암아 새로운 시대를 도래하게 하심으로 역사에 개입하셨다는 관점입니다. 이것은 하나님과 하나님의 백성이 힘을 합쳐서 한 일이 아니고 하나님께서 일방적으로 역사를 가르고 개입하셔서 된 일이므로 예언적 시각이 아닌 계시적 시각으로 본 역사입니다. 이 계시적 시각에 덧붙여 지금 이 세상에서 예수님께서 하나님의 백성인 교회와 함께 합력하시므로 하나님의 목적이 이루어진다는 예언적 시각이 요한계시록 안에 한데 어우러져 있기 때문에 요한계시록이 계시인 동시에 예언이 됩니다.

편지로서의 요한계시록

또, 요한계시록은 "아시아에 있는 일곱 교회"라는 수신자들에게 보내진 편지 형식의 글입니다.1:4, 11 여기서 "아시아"는 그 당시의 소아시아Asia Minor로서 오늘날의 터키의 서부지방을 가리킵니다. 그곳에 일곱 교회 말고도 더 많은 교회가 있었겠지만 "일곱"이라는 숫자로 요한계시록의 말씀이 그 일곱 교회뿐만 아니라 '모든 교회'에 해당함을 암시하고 있습니다. 2장과 3장의 각 교회에 보내는 메시지 끝에 항상

"성령이 교회들에게 하시는 말씀"이라고 한 것이 이를 뒷받침해주고 있습니다. 따라서 요한계시록은 우선으로 1세기 소아시아 교회들에게 보낸 편지이고, 아울러 시대를 초월해서 예수 그리스도께 속한 모든 교회들에게 보낸 편지라고 볼 수 있습니다.

기록된 시기, 저자, 기록된 장소

요한계시록이 기록된 시기는 대략 1세기 말인 95년경으로 추정됩니다. 1:9에 저자가 "예수의 환난과 나라와 참음에 동참하는 자"로 자신을 소개한 것을 볼 때 이것을 짐작할 수 있습니다. 예수님의 사람들이 핍박받고 있는 중임을 암시하고 있습니다. 1세기 때는 교회에 대한 핍박이 대개 산발적이고 국지적이었는데, 그 1세기에 로마제국 전역에 걸쳐 핍박이 일어난 시기는 황제숭배를 제국 전체에 강요했던 도미티안 황제(AD 81~96) 때가 유일합니다. 황제숭배에 대한 암시가 요한계시록 곳곳에 등장하는 것을 볼 때, 그것을 거부하는 교회들에 대해 핍박이 극에 달했던 95년경에 요한계시록의 저자가 붙잡혀 귀양가서 요한계시록을 썼던 것 같습니다.

저자는 자신의 이름을 "요한"이라고 밝히고 있는데1:1,4,9; 22:8이 사람이 사도 요한인지 아닌지는 확실하지 않습니다. 다만, 전통적으로 요한복음과 요한 1, 2, 3서를 기록한 예수님의 제자라고 알려졌습니다. 이 사람이 누군지는 정확히 알 수 없지만, 그가 1세기 말의 소아시아의 교회 성도들이라면 누구나 다 아는 지도자였다는 사실에는 틀림이 없습니다. 즉 요한은 소아시아의 여러 교회를 돌보던 지도자였는데 교회에 대한 로마 정부의 박해가 극심할 때 체포된 것 같습니다. 그리고 귀양살이를 하던 중, 두고 온 교회들을 염려하며 답답하고 힘들었을 때 하나님의 메시지가 그에게 임했고, 그것을 교회들에게 전하고

자 요한계시록을 쓴 것입니다.

따라서 요한계시록은 일차적으로 그 당시 로마제국 전역에 흩어져 있던 교회들을 향해 쓴 것이 아니고, 자기가 사랑하고 아끼던 교회들의 형제, 자매들을 위해 쓴 것입니다. 내용이 교회를 향한 메시지이므로 그 당시의 다른 지역의 교회들과 지난 2천 년 동안의 모든 교회, 그리고 오늘날의 교회들은 덤으로 그 메시지를 받는 복을 누리게 된 것입니다.

요한계시록이 기록된 장소는 요한이 귀양을 간 곳으로 추정되는 밧모섬이었습니다.[1:9] 밧모는 소아시아의 밀레도에서 약 60Km 떨어진 지중해의 작은 섬이었습니다. 이곳은 바위로 가득해서 사람이 살기엔 부적당했으므로 1세기 말 당시에 범죄자들을 귀양 보내는 감옥으로 쓰였던 섬입니다. 바로 이 섬에서 요한이 교회들을 염려하며 앞날을 알 수 없는 답답한 나날을 보내고 있었을 때 하나님의 말씀이 임한 것입니다.

10 왜 썼을까?

요한계시록의 기록 목적을 알려면 먼저 그 당시의 시대적 배경에 주목해야 합니다. 1세기 말에 교회가 처한 상황을 알아야 왜 요한계시록이 나오게 되었는지를 알 수 있을 것입니다.

그 당시 교회들의 외부적 상황

1세기 때 악명 높은 로마제국의 황제들로 칼리굴라나 네로를 꼽을 수 있지만, 그들이 제국의 전역에 걸쳐 그리스도인들에게 조직적인 박해를 가했다는 증거는 없습니다. 네로 황제시대AD 54~68의 박해가 유명하지만, 그것도 이탈리아 반도 안에 국한되었었지, 소아시아와 같이 멀리 떨어진 제국의 다른 지역들에까지 미치지는 않았습니다. 그런데 도미티안이 황제가 되었을 때 황제를 신으로 숭배하는 황제숭배가 극에 달하면서 당연히 이를 거부하는 교회들이 큰 핍박을 받게 되었습니다. 이것은 마치 우리나라의 일제 강점기 때의 교회들이 처한 상황을 연상케 합니다. 일본 천황에 대한 신사참배를 거부한 그리스도인들이 겪어야 했던 고통이 극심했던 것처럼, 1세기 말의 교회 성도들도 황제숭배를 거부하다가 투옥되기도 하고 처형당하기도 했습니다.

이것이 바로 요한계시록이 기록될 당시의 교회들이 처한 상황이었습니다. 요한계시록에 환란에 대한 언급이 종종 등장하는 이유가 이 때문입니다. 그 당시의 교회들이 외부로부터 당하고 있던 핍박을 말합니다. 이 환란을 앞으로 이 세상에 닥칠 것이라는 소위 '7년 대환란' 으로 오해하면 안 됩니다. 이것은 일차적으로 1세기 말의 교회들이 겪고 있던 환란이고, 또 어느 시대이건 교회가 이 세상에서 꼭 당하게 되는 환란을 뜻합니다. 일찍이 예수님께서 제자들에게 "세상에서는 너희가 환난을 당한다"라고 하셨을 때의 그 "환란"을 말합니다.요16:33 이 말이 신약성경에 52번이나 등장하는데, 요한계시록의 "환란"도 바로 이렇게 시대를 초월해서 교회에 닥치는 환란입니다. 1:7의 "그를 찌른 자들"은 예나 지금이나 교회를 핍박하는 사람들을 뜻합니다. 왜냐하면, 교회를 핍박하는 것은 곧 예수 그리스도를 핍박하고 죽이는 것이기 때문입니다.

> 세상이 너희를 미워하면 너희보다 먼저 나를 미워한 줄을 알라 너희가 세상에 속하였으면 세상이 자기의 것을 사랑할 것이나 너희는 세상에 속한 자가 아니요 도리어 내가 너희를 세상에서 택하였기 때문에 세상이 너희를 미워하느니라 내가 너희에게 종이 주인보다 더 크지 못하다 한 말을 기억하라 사람들이 나를 박해하였은즉 너희도 박해할 것이요
> _요15:18~20

1세기말 교회들의 내부적 상황

교회가 시작된 지 60년 이상 지난 1세기 말쯤엔 복음이 많이 퇴색되었을 뿐만 아니라, 극단적인 영지주의로 말미암아 교회의 순수성이 파괴되고 있었습니다. 영지주의Gnosticism는 '영은 선하고 육은 악하다'는 이원론에서 출발한 것으로써 유대교, 기독교, 신비 종교, 헬라 철학, 동양 사상 등이 혼합된 사상입니다. 이런 잡탕 사상이 영적인 것으

로 둔갑하여 교회에 침투해서 어지럽히기 시작했던 것입니다.(영지주의 사상에 대해서는 지면관계상 이 책에서 자세히 다루지 않겠습니다.)

요한 1서에서 저자가 경계하라고 했던 "적그리스도들" 곧 거짓선지자들이 바로 1세기 말에 교회들을 내부로부터 파괴하던 영지주의자들인 것 같습니다. 요한계시록에서는 이들을 "악한 자들", "자칭 사도", "니골라당", "발람의 교훈", "이세벨", "사탄의 깊은 것" 등으로 표현하고 있습니다. 이들은 물론 1 세기말에 출현하여 소아시아의 교회들을 흐려놓았지만, 이런 사상의 잔재가 2천 년 동안 흘러와서 오늘날도 교회 안에 침투해 있을 수 있습니다. 사이비나 이단은 말할 것도 없고, 소위 정통 교회들 안에도 이런 사상의 그림자가 드리워 있을 수 있음을 알고 경계해야 합니다.

교회는 과연 멸망하고 말 것인가?

1세기 말의 소아시아 교회들은 이렇게 외부적으로, 내부적으로 공격을 받아 그리스도의 복음이 말살될 위기에 처했습니다. '예수 그리스도의 교회는 과연 멸망하고 말 것인가? 하나님께서 교회가 이 모양이 꼴이 되어 결국 사라지는 것을 두고 보시기만 할 것인가? 교회라는 것이 이 세상 앞에서 이렇게 무기력한 존재일까? 이렇게 막강한 세상에서 그리스도의 복음의 능력이 고작 이 정도밖에는 안 될까?' 이런 질문들이 핍박과 이단에 시달리고 지친 교회 성도들에게서 꼬리를 물고 자연스럽게 흘러나왔을 것입니다. 겉으로 볼 때, 교회는 더는 소생할 가망이 없는 것처럼 보였기 때문입니다.

이렇게 아무런 소망 없이 자포자기하고 의기소침해 있던 소아시아의 교회 성도들에게 하나님께서 요한을 통해 주신 메시지가 바로 요한계시록입니다. 위의 질문들에 대한 명쾌한 답을 주신 것입니다. 한마디로 '아니다' 라고 말씀하신 것입니다. 예수님의 교회는 절대로, 결코, 전혀, 결단코, 조금도 망하지 않는다는 메시지입니다. 예수 그리스도께서 이미 마귀를 이기고 악한 세력에 승리하셨기 때문에 예수님의 교회도 아울러 승리했다는 것을 확인시켜주신 것이 바로 요한계시록입니다. 인간의 눈으로, 세상의 눈으로 교회를 보지 말고 하나님의 눈으로 보라는 것입니다. 이 땅에 있지만 실은 이미 승리해서 하늘에 있는 존재가 교회라는 것을 처음부터 끝까지 강조한 책이 요한계시록입니다.

따라서 요한계시록은 무슨 이 세상의 종말에 있을 현상들을 기록한 것이 아니고, 계시문학 형식의 글로 교회의 참모습을 표현한 책입니다. 하나님께서 예수 그리스도로 말미암아 하나님의 목적을 드러내시는 이야기, 즉 하나님의 목적 그 자체인 교회를 상징적인 언어로 그린 흥미진진한 드라마입니다. 1세기 말에도 경험되고, 지금도 그대로 경험되는 교회 이야기입니다. 그냥 교회의 이야기가 아니고, 현세와 앞으로 올 시대를 동시에 살아가는 차원의 교회의 이야기입니다. 아울러, 예수 그리스도와 함께 왕 노릇 하는 교회, 승리한 교회의 이야기입니다.

11
참 이스라엘과 항상 오시는 그리스도

요한계시록 1장은 서론에 해당합니다. 이 서론 부문에서 요한은 요한계시록이 어떤 성격의 글인가를 암시한 다음 인사말로 시작해서, 환란 중에도 교회 안에서 함께 계신 그리스도의 막강한 모습을 그리고 있습니다. 여기서 요한은 그 당시 교회들이 겉으로는 로마황제의 핍박을 받고 환란 중에 신음하고 있었지만, 하나님의 눈엔 엄청난 존재임을 밝힙니다. 교회가 얼마나 대단한 존재입니까?

최고로 비싼 존재인 교회

한 마디로 교회는 예수 그리스도와 똑같은 가치를 지닌 우주에서 최고로 비싼 존재입니다. "그의 피로 우리 죄에서 우리를 해방하시고"(1:5)라는 표현이 이를 뒷받침해주고 있습니다. 교회인 우리를 해방시켜 풀어주는 대가가 하나님의 아들 예수님의 목숨 값이기 때문입니다. 죄의 속박에서 우리를 놓아주려고 지불해야 할 속전이 십자가에서 피를 흘리신 예수님의 죽음이라는 말입니다. 사도 바울은 사도행전 20:28에서 이것을 다음과 같이 더 실감 나게 표현했습니다.

> "하나님이 자기 피로 사신 교회."

'예수님의 피' 라고 하지 않고 '하나님의 피' 라고 했습니다. 그 말이

그 말이기 때문입니다. 왜냐하면, 예수님이 "이제도 계시고 전에도 계셨고 장차 오실 이(하나님 아버지)"와 "그의 보좌 앞에 있는 일곱 영(성령)"과 하나를 이루고 계신 삼위일체 하나님의 한 분이시기 때문입니다.1:4 예수님은 "알파와 오메가(헬라어 알파벳의 첫 글자와 끝 글자)"1:8이신 하나님 아버지와 동격이신 "처음이요 마지막"이신 분입니다.1:17 또 "땅의 임금들의 머리" 곧 "만 왕의 왕"이신 분입니다.1:5; 17:14

이런 분이 우리를 자기 자신만큼 사랑하신 것입니다.1:5 아니, 자신을 바쳐 우리를 해방했으니 자신보다 우리를 더 사랑하셨다고 해야 할 것입니다. 따라서 우리가 하나님의 아들과 똑같은 가치를 가진 '예수님짜리'라고 불릴 수 있는 존재가 되었습니다. 더 나아가서, 위의 사도행전 20:28에 의하면 우리를 "하나님짜리"라고 해야 할 것입니다. 이게 바로 교회의 참모습이요 현주소입니다. 요한은 요한계시록을 이런 엄청난 사실로 시작하고 있습니다. 서두에서부터 환란 중에 있는 교회 성도들의 신분을 확인시켜준 것입니다. 하나님께서 오늘 우리에게도 똑같이 말씀하실 것입니다. 교회가 이렇게 엄청난 존재라는 것을 실감하고 있습니까?

구원과 기독교 미신

그럼 하나님께서 왜 우리를 그렇게 엄청난 존재로 만드셨습니까? 오늘날 구원이 신앙의 목적인 줄 아는 그리스도인들이 많습니다. 하나님께서 지옥 갈 운명인 우리를 죄에서 해방해 죽은 후에 천국에 가서 살게 하려고 구원하셨다고 믿는 사람들이 너무나도 많습니다. 이것은 반은 맞는 듯하지만, 따지고 보면 신앙을 인간 위주로 본 매우 자기중심적인 발상입니다. 하나님께서 죄에 빠진 인간들을 구출해서 뭔가 자신의 목적을 이루시기 위해 구원이라는 과정을 사용하신 것인데, 인간들이 과정을 목적으로 둔갑시킨 것입니다. 이것은 하나님의 목적엔 관심 없는 아주 이기적인 신앙의 전형인데, 구원받고 구원시키는 것을 전부로 아는 그리스도인들로 가득 차 있는 게 현대 기독교의 현실입니다.

그럼 하나님의 목적은 무엇입니까? "그의 아버지 하나님을 위하여" 1:6 바로 이것입니다. 우리는 우주의 주인이신 하나님 아버지를 위해 존재합니다. 처음부터 하나님께서 자신의 목적을 이루시기 위해 모든 것을 창조하셨으므로, "아버지 하나님을 위하여" 그분의 목적을 이루는데 우리를 필요로 하시는 것이지, 우리를 위해 하나님께서 계신 것이 아닙니다. 그러므로 하나님의 목적을 모르면 자기중심의 '기독교 미신'에 빠지기 쉽습니다.

아니, 기독교 미신이라니 이게 무슨 말입니까? 기독교 신앙이 오늘날 많이 왜곡되어 하나님의 필요가 아닌 우리의 영적, 육적 필요에 하나님을 갖다 사용하면서도 좋은 신앙으로 둔갑하는 경우가 비일비재합니다. 이런 신앙이 겉으로 볼 때는 열심 있고, 헌신 되고, 경건하게 보일지 몰라도 단지 우상숭배일 뿐입니다. 미신을 신봉하는 사람들이 자기들을 위해 점을 보거나 새벽에 냉수 떠놓고 빌거나 하듯이, 잡신 섬기는 사람들이 그들의 필요를 위해 온갖 신들에게 간절히 빌듯이, 기독교에 귀의하거나 하나님이라는 막강한 신에게 빌고 또 빌어서 나의 목적을 달성하려는 것입니다. 즉 의지하고 비는 대상만 다를 뿐이지 목적과 동기는 같은, 이런 종류의 신앙을 기독교 미신이라 할 수 있습니다. 종말론에 심취해서 엉뚱한 주장을 펴는 사람들도 십중팔구는 이런 기독교 미신에 빠져 있음을 알 수 있습니다.

구원의 목적

한마디로 말해서, 구원은 하나님의 필요에서 나온 것입니다. 예수님께서 피 흘려 죽으시면서 우리를 죄에서 해방하신 것은 전부 하나님의 필요를 위한 것입니다. 하나님의 필요라니, 하나님께 뭔가 부족한 것이 있다는 말입니까? 아닙니다. 하나님의 충만이 넘쳐 흘러서 필요를 만들어낸 것입니다. 그 필요를 채우러 오신 분이 예수님이시고, 오셔서 "그의 아버지 하나님을 위하여 우리를 나라와 제사장으로 삼으신" 것입니다.1:6 우리를 위하여 하신 것이 아니고 하나님 아버지를 위하여 하신 것인데, 우리는 이런 하나님의 목적에 쓰임 받는 영광을 얻게 되었습니다.

그 목적은 우리를 "나라와 제사장"으로 삼아 하나님의 통치를 이루는 데 있습니다. 이것은 구약성경 출애굽기의 19:4~6에서 따온 표현입니다. 서두부터 구약의 표현과 이미지가 등장하고 있습니다. 이미 1:4에 "일곱 영"이라는 스가랴 4장의 표현을 따다가 완전한 영이신 성령을 상징했는데, 이런 식으로 구약성경에서 따온 518개의 표현과 이미지가 요한계시록을 도배하고 있습니다. 따라서 1:6은 하나님께서 출애굽기 19장에서 이스라엘로 하여금 하나님이 통치하는 "제사장 나라"가 되도록 명령하신 그 말씀처럼 교회가 바로 하나님의 "나라와 제사장"이 되었음을 선포한 것입니다.

여기서 "나라"는 하나님의 왕국을 지칭합니다. 하나님께서 통치하시는 나라를 보여주는 것이 교회의 역할이라는 말입니다. 앞으로 무슨 '천년왕국'이 문자적으로 도래할 것이 아니라 교회가 이 세상에서 하나님의 왕국으로 하나님의 통치를 드러낸다는 뜻입니다. 또 교회는 이 세상 사람들 앞에서 하나님의 제사장 역할을 수행합니다. 이것이 언제부터 시작되었습니까? 바로 예수님께서 십자가에서 이 모든 일을 시작하실 때부터입니다.1:5 미래에 있을 일이 아니고 지금 현재 벌어지는 하나님의 통치입니다. 그림자로서 제사장 나라를 보여주었던 구약의 이스라엘은 끝이 났고, 이제 교회가 '참 이스라엘'로서 그 실체를 드러냈다는 뜻입니다. 그래서 5:10이 다음과 같이 말하는 것입니다.

> 그들로 우리 하나님 앞에서 나라와 제사장들을 삼으셨으니 그들이 땅에서 왕 노릇 하리로다.

교회가 지금 땅에서 하나님의 통치를 드러내는 모습을 그린 것입니다. 겉으로는 교회가 환란과 핍박 중에서 별 볼일 없는 존재로 보이지만, 실은 이 세상을 초월하고 당당하게 살면서 하나님과 함께 다스리고 있습니다. 이 세상과 따로 노는 하나님 나라의 새로운 삶의 방식을 말하는 것입니다. 요한계시록에 "왕 노릇(통치)"이라는 말이 모두 7번 나오는데, 이 말이 하나님 아버지와 예수 그리스도와 교회에 모두 사용되고 있습니다. 교회가 어떤 존재인지 감이 옵니까? 이런 놀라운 목적에 쓰임 받는 영광을 경험하고 있습니까?

또 교회는 하나님과 직통하는 존재가 되었습니다. 구약시대에 제사장들만 수행할 수 있었던 제사를 이제 예수님께 속한 공동체라면 누구나 할 수 있게 되었습니다. 예수님께서 자기의 피로 제사를 바치시고 우리를 제사장이 되게 하셨습니다. 이제는 예수 그리스도의 이름으로 누구든지 하나님 아버지 앞에 나갈 수 있게 되었습니다. 또한, 교회는 제사장으로서 이 세상 사람들 앞에 그리스도를 드러내어 하나님과 그들 사이에 다리 역할을 하는 영광스런 직분을 얻게 되었습니다.

고로, 하나님께서 우리를 죽어서 천국 가게 하려고 구원하신 것이 아니라 지금 이 땅에서 이렇게 하나님을 드러내게 하려고 구원하셨습니다. 이것이 "나라와 제사장"이 된 교회의 역할입니다. 그렇게 해서 하나님의 영역이 넓어지게 되는 것, 바로 이것이 하나님의 목적이요, 하나님의 필요입니다. 우리는 구원받고 이것을 위해 존재하는 것이지나 자신의 필요를 위해 존재하는 것이 아닙니다. 사도 바울이 고린도후서 5:15에서 우리의 존재 이유를 분명히 밝혀줍니다.

> 그가 모든 사람을 대신하여 죽으심은 살아 있는 자들로 하여금 다시는 그들 자신을 위하여 살지 않고 오직 그들을 대신하여 죽었다가 다시 살아나신 이를 위하여 살게 하려 함이라.

항상 오시는 예수 그리스도

이런 하나님의 목적을 이루시기 위해 예수님은 항상 오십니다. 1장 7절의 "오시리라"라는 미래형의 번역 때문에 이것을 재림하시는 예수님으로 해석하는 경향이 있지만, 헬라어 원문엔 이 말이 현재진행형He is coming으로 되어 있습니다.(22:7, 12, 20도 마찬가지임) 즉 예수님께서 항상 오신다는 뜻입니다. 과거에도 오셨고(성육신), 지금도 오시고 계시고(교회와 함께 계심), 앞으로도 오실(재림해서 이 땅의 역사를 끝내심) 분입니다. 요한계시록에서는 과거와 현재와 미래를 구분하지 않습니다. 시간을 초월해서 역사하시는 하나님을 그리고 있기 때문입니다.

여기서 "구름을 타고 오시리라"라고 하니까 앞으로 재림하실 때 구름을 타고 나타날 것이라는 소리를 하는 사람들도 있지만, 예수님은 무슨 손오공도 아니고 만화의 주인공도 아닙니다. 예수님께서 항상 영광과 위엄 중에 나타나신다는 계시문학의 상징적인 표현입니다.사 19:1; 단7:13 즉 예수님께서 "하늘과 땅의 모든 권세"를 갖고 계시다는 뜻입니다.마28:18 이런 위엄 중에 나타나시는 예수님의 오심은 이 세상 모든 사람에게 해당합니다. 교회와 교회 밖의 사람들에게. 교회는 하나님의 목적이 성취되는 것을 경험하게 되고, 교회 밖의 "땅에 있는 모든 족속"은 심판을 당하게 됩니다.1:7 "그를 찌른 자들"(슥 12:10에서 따온 표현)은 물론 예수 그리스도의 교회를 핍박한 자들을 상징합니다. 즉 교회가 아닌 모든 사람을 과거에도, 지금도, 앞으로도 심판하시는 예수님의 권능을 표현하고 있습니다.

따라서 요한이 요한계시록의 서두에서 환란과 핍박 중의 교회들에게 용기를 북돋워주면서 시작하고 있음을 알 수 있습니다. '교회들이여, 하나님의 눈으로 보라. 하나님의 목적에 근거해서 모든 것을 보아라.' 오늘 우리도 교회가 이런 존재임을 경험해야 합니다.

12
금 촛대 사이의 인자 같은 이

요한이 성령에 감동되어 처음 본 것은 "일곱 금 촛대 사이에 있는 인자 같은 이"였습니다.[1:12~13] 1:17~20에 의하면 이 "인자 같은 이"는 죽었다가 부활하신 예수 그리스도이고, "일곱 금 촛대"는 일곱 교회인 것을 알 수 있습니다. "인자 같은 이"는 다니엘 7:13에서 따온 것으로써 예수님은 복음서에서 자신을 지칭하실 때 주로 이 다니엘서의 표현인 "인자"를 사용하셨습니다. 메시아를 일컫는 표현인 동시에 자신이 사람으로 오셨음을 강조하신 것입니다.

금 촛대 사이에 있는 인자 같은 이에 대해 기록한 이유

주님께서 요한에게 이 인자 같은 이의 모습을 본 그대로 기록하여 일곱 교회에 보내라고 하셨습니다.[1:11] 일곱 교회는 물론 그 당시 소아시아에 있던 일곱 교회를 포함한 모든 교회를 지칭합니다. 예수님께서 요한계시록 2장과 3장에서 각 교회에 말씀하시다가 마지막엔 꼭 "성령이 교회들에게 하시는 말씀을 들을지어다"로 끝내시는 것을 보면 이를 알 수 있습니다.[2:7, 11, 17, 29; 3:6, 13, 22] 주님께서 왜 "인자 같은 이"의 모습을 기록해서 교회들에게 보내라고 하셨을까요?

우리가 요한계시록을 읽을 때는 우선 언제나 요한과 그 당시 교회들의 처지에서 보아야 합니다. 그 당시 로마제국의 핍박 때문에 교회들의 사기는 땅에 떨어졌고, 지도자인 요한은 붙잡혀서 귀양살이하고 있었습니다. 요한은 요한대로 지금 교회들이 문을 닫고 없어졌는지, 교인들이 끌려가 투옥되고 사형당했는지, 남아 있는 교인들이 있다 해도 거짓 선지자들에 의해 교회가 쑥밭이 되었을지 모르는 답답한 상황이었고, 또한 교인들은 지도자인 요한이 죽었는지 살아있는지 모르는 상태에서 '과연 예수님의 교회가 이렇게 끝나고 말 것인가?' 라는 한탄과 함께 많이 헷갈려 있었을 것입니다. 이때 하나님께서 보여주신 실체가 바로 '일곱 금 촛대들 사이에 있는 인자 같은 이' 의 모습이었습니다.1:12~13

무슨 메시지입니까? "교회들이여, 환경만 보지 말고 실체를 보라. 너희 안에 막강하게 살아계신 예수 그리스도를 보라. 아무리 환란과 핍박이 거세고 문제가 많아도 참 교회 안에는 예수 그리스도께서 항상 살아계신다. 예수님은 저 멀리 천국에 계신 분이 아니고 교회 안에 계신다. 걱정하지 마라." 1:7의 항상 오시는 그리스도가 바로 이런 분입니다. 부활하셔서 승천하신 그리스도는 언제나 교회 안에 계십니다. 하늘에 계시다고 하니까 저 멀리 어디엔가 천국이라는 장소가 있다고 믿는 순진한 사람들이 많은데, 이것은 그 당시 유대사상과 기독교 밖의 이교사상이 교회 안에 들어와 만들어낸 잘못된 교리입니다. 예수님의 십자가와 부활과 승천, 그리고 성령의 오심에 의해 시작된 새 창조는 이전과는 완전히 다른 세계입니다. 그러므로 이제 하나님을 물리적인 장소에 계신 분으로 아는 것은 시공을 초월하시는 하나님께 대한 모독이라 할 수 있습니다. 교회 공동체 안에서 늘 우리와 함께 계신 주님을 만나야 합니다.

요한복음 14장의 "거할 곳"

여기에서 참고로 요한복음 14장의 말씀을 짚고 넘어갈 필요가 있습니다. 이 말씀을 제대로 이해하면 요한계시록 전체의 메시지를 더 수월하게 알 수 있기 때문입니다. 필자는 이전에 요한복음을 수도 없이 설교하고 가르쳤지만 14장에서 예수님이 하신 말씀을 엉터리로 해석했었습니다. 특히 14:1~3을 따로 떼어 장례식 때 본문 말씀 또는 인용구로 사용하곤 했는데, 너무나도 오용한 것입니다. 보통 이 말씀의 "아버지 집" 또는 "거할 곳"을 예수님께서 어딘가에 예비하신 천국이라는 장소로, 또 "내가 다시 와서"를 재림을 지칭하는 말로 알고 있는데, 전혀 그렇지 않습니다.

> 너희는 마음에 근심하지 말라 하나님을 믿으니 또 나를 믿으라 내 아버지 집에 거할 곳이 많도다 그렇지 않으면 너희에게 일렀으리라 내가 너희를 위하여 거처를 예비하러 가노니 가서 너희를 위하여 거처를 예비하면 내가 다시 와서 너희를 내게로 영접하여 나 있는 곳에 너희도 있게 하리라 _요 14:1~3

여기서 예수님께서 말씀하신 핵심은 무엇일까요? 한마디로 말하면 '내 아버지 집의 거할 곳' 입니다. 그런데 언뜻 보면 무슨 장소에 대해 말씀하신 것 같지만, 절대로 우리가 생각하는 장소의 개념이 아닌 것을 금방 알 수 있습니다. 이 말씀을 제대로 이해하려면 14장 전체의 문맥을 보면 되고, 또 여기서 열쇠를 쥔 "내가 다시 와서"가 무슨 뜻인지를 알면 됩니다. 이것도 따로 떼 문자적으로만 보기 때문에 영락없는 재림인 것 같지만, 전혀 그렇지 않습니다. 물론 예수님께서 앞으로 재림하시겠지만 여기선 그런 말씀을 한마디도 하지 않으셨습니다.

그럼 무엇을 말씀하신 것입니까? 지금 십자가를 앞에 두고 제자들에게 하신 말씀입니다. 14:3의 "가서"는 물론 예수님께서 죽으심으로 그들을 떠날 것을 말씀하신 것입니다. 그러므로 "다시 와서"는 당연히 부활해서 그들 앞에 다시 나타날 것이라는 말씀입니다. 그 자리에 있던 제자들에게 다시 오시는 것은 재림이 아니라 사흘 뒤의 부활이기 때문입니다. 요한복음 20:19~20에 보면, 십자가에서 돌아가셨던 예수님께서 사흘 후 제자들 앞에 그 모습을 드러내셨습니다.

예수님께서 십자가에서 죽으신 후 뭔가 예비하시고는 다시 오셔서 하신 일입니다. 우리는 다른 성경 말씀을 통해 예수님의 죽음(십자가)의 의미가 무엇인지를 알고 있습니다. 예수님께서 십자가에서 죽으심으로 율법, 원수관계, 죄, 통치자들과 권세(마귀의 권세), 죽음을 다 끝내버리셨다는 사실 말입니다. 엡2:13~16; 골2:13~15; 히2:14~15 이것이 바로 요한복음 14:2의 '내 아버지 집의 거할 곳'을 예비하시기 위한 절차였습니다. 즉 인간들이 하나님과 함께 거하지 못하는 원인을 완전히 제거하신 것입니다. 이 "거할 곳"은 무엇을 가리킵니까?

"거할 곳" 곧 "나 있는 곳"where I am은 장소가 아니라 "내게로"to Myself라는 인격입니다. 14:3 예수님은 장소처럼 표현하셨지만 부활하심으로 다시 오실 자신을 말씀하신 것입니다. 제자 중 하나인 도마가 장소로 알아듣고 그곳으로 가는 길을 가르쳐달라고 했을 때 예수님께서 그 유명한 말씀을 하신 것을 보면 알 수 있습니다. 우리가 달달 외는 14:6의 말씀입니다.

> 예수께서 이르시되 내가 곧 길이요 진리요 생명이니 나로 말미암지 않고는 아버지께로 올 자가 없느니라

"내가", "나로", 즉 예수님 자신이 '아버지 집의 거할 곳'임을 말씀하신 것입니다. 장소가 아닌 인격이신 예수님입니다. 예수님을 본 것

이 곧 아버지를 본 것이고, 요 14:9 예수님이 아버지 안에 계시고 아버지께서 예수님 안에 계시기 때문입니다. 14:10

이제 이 "거할 곳" 곧 "나 있는 곳"을 보여주시려고 예수님께서 부활하셔서 제자들에게 다시 오신 것임이 분명해졌습니까? 예수님께서 제자들로 하여금 이것을 구체적으로 경험하게 하시려고 성령을 통해 오실 것을 약속하셨고, 14:16~18 부활하시자마자 제자들에게 성령을 주셨습니다. 20:22 교회가 시작된 것입니다. 바로 이 교회가 "내 아버지 집의 거할 곳"이요, 14:2 "나 있는 곳" 14:3입니다. 죽어서 가는 곳이 아니고 이 세상에 있는 하나님의 집입니다. 아래의 말씀에 주목하십시오.

> 예수께서 대답하여 이르시되 사람이 나를 사랑하면 내 말을 지키리니 내 아버지께서 그를 사랑하실 것이요 우리가 그에게 가서 거처를 그와 함께 하리라 _요14:23

예수님을 사랑하는 사람에게 "우리" 곧 하나님 아버지와 예수님께서 성령을 통해 오셔서 "거처"를 삼으신다는 말씀입니다. 죽어서 하나님 계신 곳에 가는 것이 아니고 하나님께서 우리에게로 오십니다. 여기서 "거처"라는 말은 헬라어로 '모네' mone인데 이 단어가 바로 14:2의 "거할 곳"입니다. 개역성경이 같은 단어를 한곳은 "거할 곳"으로 번역해놓고 다른 곳은 "거처"로 번역하는 바람에 헷갈리게 했지만, 14장 전체를 문맥으로 보면 예수님의 말씀을 절대 놓칠 수 없습니다. 예수님께서 죽으심으로 예비하시고 부활하셔서 성령을 보내심으로 시작된 제자들의 공동체인 교회를 가리키는 것입니다. 그러므로 이것을 죽은 다음에 가는 천국으로 오해하면 안 됩니다. 지금부터 영원히 하나님과 함께 살게 된 교회를 말씀하신 것입니다.

교회 안에 계신 그리스도

교회가 어떤 존재인지 분명해졌습니까? 이제 '일곱 금 촛대들 사이에 있는 인자 같은 이'의 의미를 설명하지 않아도 될 것입니다. 예수 그리스도는 저 멀리 어딘가에 계시지 않고 교회 공동체 안에 항상 살아계십니다. 그러므로 1세기 말의 교회 성도들뿐만 아니라 오늘 우리도 환란과 고통과 문제 속에서 우왕좌왕하지 말고 교회 안에 계신 그리스도와의 교제에 집중해야 합니다. 하나님 아버지와 동격이신 처음과 마지막이신 그리스도,[1:17] 죽었다가 부활하셔서 이제 세세토록 살아 있어 사망과 음부의 열쇠를 갖고 다스리시는 그리스도께서 교회 안에 계시기 때문입니다.[1:17~18]

13 예수님을 괴물로 그리지 말라!

종말론에 심취한 사람들을 보면 요한계시록의 내용을 그림과 도표로 설명하는 경우가 많은데 이것은 계시문학의 특성을 알지 못하기 때문입니다. 그 내용이 상징하는 바에 초점을 맞추지 않고 문자적으로 이해해서 그림으로 그려놓기 때문에 우스꽝스러울 때도 있고 섬뜩할 때도 있습니다. 대표적인 예가 1:13~16입니다.

촛대 사이에 있는 인자 같은 이의 모습

1:13~16은 환란과 문제 속에 있던 교회들 속에 함께 계신 예수 그리스도가 어떤 분이신지를 묘사하고 있습니다. "촛대 사이에 인자 같은 이"는 물론 다니엘 7:13의 "인자 같은 이"를 배경으로 하고 있습니다.

"발에 끌리는 옷을 입고 가슴에 금띠를 띠고":

이것은 다니엘 10:5의 "한 사람이 세마포 옷을 입었고 허리에는 우바스 순금 띠를 띠었더라"에서 따온 표현입니다. 또 발에 끌리는 옷과 금띠는 구약시대의 제사장과 왕의 복장입니다. 예수 그리스도의 권세와 영광과 위엄을 상징합니다. 교회 안에 계신 그리스도께서 이렇게 막강한 분임을 알려주고 있습니다. 핍박 중의 교회들에게 이것보다 더 위로가 되는 것은 없었을 것입니다.

"그의 머리와 털의 희기가 흰 양털 같고 눈 같으며":

예수님의 순결함과 거룩함을 상징합니다. 이사야 1:18의 "너희 죄가 주홍 같을지라도 눈과 같이 희어질 것이요 진홍같이 붉을지라도 양털같이 희게 되리라", 또 다니엘 7:9의 "그의 옷은 희기가 눈 같고 그의 머리털은 깨끗한 양의 털 같고"와 같이 눈이나 양털처럼 희고 깨끗하신, 죄 없으신 예수 그리스도를 말합니다.

"그의 눈은 불꽃 같고":

다니엘 7:9의 "그의 보좌는 불꽃이요"와 10:6의 "그의 눈은 횃불 같고"에서 따온 표현입니다. 예수님의 사람의 마음을 꿰뚫어보는 능력, 즉 모든 것을 다 아시는 심판주이신 예수님을 상징하고 있습니다. 물론 환란과 문제 속에 있는 교회들에 대해서도 속속들이 다 알고 계신 예수님이십니다.

"그의 발은 풀무 불에 단련한 빛난 주석 같고":

다니엘 10:6의 "그의 팔과 발은 빛난 놋과 같고"에서 따온 표현입니다. 풀무 불에서 단련된 주석과 같은 발로 밟으면 어떻게 되겠습니까? 예수님의 능력을 상징하는 것입니다. 예수님을 대적할 자는 아무도 없음을 말합니다.

"그의 음성은 많은 물소리와 같으며":

다니엘 10:6의 "그의 말소리는 무리의 소리와 같더라"와 에스겔 43:2의 "하나님의 음성이 많은 물소리 같고"에서 따온 표현입니다. 하나님과 동격이신 예수님의 권세와 위엄을 상징하고 있습니다.

“그의 오른손에 일곱 별이 있고”:

계시문학에서 오른손은 힘과 능력과 권위를 상징합니다. 일곱 별은 1:21에서 “일곱 교회의 사자”라고 해석해주고 있습니다. 즉 교회를 대표하는 지도자들을 가리키는 말입니다. 따라서 예수님의 능력의 손이 교회 전체를 꽉 붙잡고 있기 때문에 교회가 안전하게 보호받고 있음을 상징하는 것입니다. 아무도 교회를 해칠 수 없음을 말합니다. 또한, 어떤 사람이 아닌 예수님께서 교회를 주관하고 계심을 상징합니다.

“그의 입에서 좌우에 날 선 검이 나오고”:

이사야 49:2의 “내 입을 날카로운 칼 같이 만드시고”에서 따온 표현입니다. 예수님 말씀의 권위, 즉 말씀으로 심판하시는 예수님을 상징하고 있습니다. 히브리서 4:12의 “하나님의 말씀은 살아 있고 활력이 있어 좌우에 날 선 어떤 검보다도 예리하여”를 연상케 합니다. 심판주이신 예수님을 말합니다.

“그 얼굴은 해가 힘있게 비치는 것 같더라”:

역시 다니엘 10:6의 “그의 얼굴은 번갯빛 같고”에서 따온 표현입니다. 예수 그리스도의 영광을 상징합니다. 교회 안에 계신 예수님이 이렇게 영광스러운 분임을 보여주고 있습니다.

이상에서 우리는 저자가 교회 안에 계신 예수 그리스도의 영광과 권세와 위엄과 능력을 상징하기 위해 주로 다니엘 7장과 10장의 내용을 빌려왔음을 알 수 있습니다. 이런 놀라운 예수님이 교회 안에 계심을 확실히 알게 하시려고 이것을 써서 교회들에게 보내라고 하신 것입니다.[1:11] 교회를 위로하고 용기를 주시려는 하나님의 배려입니다.

이런 모습을 그림으로 그리지 마라

이렇게 1:13~16은 예수 그리스도의 막강한 모습을 상징한 것이므로 문자적으로 예수님의 모습을 그리려 하면 곤란합니다. 괴물 같은 모습이 나오기 때문입니다. 무슨 '반지의 제왕' 같은 판타지 영화에나 나올 법한 모습입니다. 머리털은 하얗고, 눈에서는 불이 나오고, 발은 주석이고, 입에서는 예리한 칼이 나오고 섬뜩한 공포의 주인공 아닙니까? 천국에 가면 예수님께서 과연 이런 모습을 하고 계실까요? 요한계시록이 계시문학임을 잊지 말아야 합니다. 처음부터 끝까지 상징적 언어로 메시지를 전달하고 있음을 알아야 합니다.

이런 예수님의 놀라운 모습에 요한이 압도되어 엎드러져 죽은 자 같이 되었다는 표현은[1:17] 성경 전체에 등장합니다. 성경에서 하나님에 대한 환상을 본 사람은 누구나 비슷한 경험을 했습니다. 따라서 이것은 예수님이 하나님과 동등하시다는 것을 암시해줍니다. 요한계시록은 이렇게 서론에서부터 하나님 아버지와 예수 그리스도가 동격이심을 분명히 밝히고 시작합니다. 다음의 표현을 보면 알 수 있습니다.

처음이요 마지막이신 예수 그리스도

1:8에서는 주 하나님이 "나는 알파와 오메가"라고 하셨는데, 1:17은 예수 그리스도가 "처음이요 마지막"이라고 했습니다. 헬라어 알파벳의 첫 글자인 알파와 끝 글자인 오메가로 하나님께서 처음이고 시작이실 뿐만 아니라 마지막이고 끝이심을 상징하고 있는데, 예수님이 바로 그런 분임을 강조하고 있습니다. 이 표현은 이사야에서 따온 것인데[사41:4, 44:6, 48:12], 요한계시록에서 하나님과 예수님에게 둘 다 이 표

현을 사용하고 있습니다. 1:8 외에도 21:6에 또 한 번 하나님을 지칭하고 있고, 1:17 외에도 22:13에 한 번 더 예수님을 지칭하고 있습니다.

> 또 내게 말씀하시되 이루었도다 나는 알파와 오메가요 처음과 마지막이라 _계 21:6

> 나는 알파와 오메가요 처음과 마지막이요 시작과 마침이라 _계 22:13

하나님 아버지와 똑같은 주권자요 심판주이신 예수 그리스도를 강조하는 것입니다. "이제 세세토록 살아 있어 사망과 음부의 열쇠를 가졌노니".1:18 이사야 22:22에서 따온 표현인데, 죽으셨다가 부활하셔서 지금 전권을 갖고 계신 예수님께서 앞으로 요한계시록 전체에서 펼쳐질 심판을 주관하는 분임을 암시하고 있습니다. 그래서 요한은 이런 예수 그리스도를 본대로 기록했던 것입니다.1:19: "네 본 것"(1장의 교회 안에 계신 예수 그리스도의 놀라운 모습), "이제 있는 일"(지금 보고 있는 것), 그리고 "장차 될 일"the things which will take place after these things [앞으로 요한이 보게 될 내용 – 미래의 종말에 벌어질 일로 오해하면 안 됨. 주님께서 요한에게 계속해서 보여줄 내용을 가리킴.]

그러므로 요한계시록 1장의 서론은 앞으로 전개될 모든 것의 요약이라고 볼 수 있습니다. 모든 권세를 가지신 막강한 그리스도께서 교회 안에 계시면서 어떤 환경에서도 교회를 보호하시고, 교회의 원수들에겐 무서운 심판이 임하게 된다는 요한계시록 전체 메시지의 축소판입니다. 요한계시록은 교회 안에서 교회 성도들을 꽉 붙잡고 주관하시는 예수님께서 어떻게 교회를 지키시는지, 그리고 교회의 원수들의 운명은 어떻게 되는지를 상징적 언어로 기록한 것입니다. 이 세상의 마지막에 벌어질 이야기를 쓴 종말론에 관한 것이 아니고, 교회의 참모습을 계시문학체로 써내려 간 것입니다. 한마디로 요한계시록은 처음부터 끝까지 교회에 관한 이야기입니다. 그래서 2,3장에도 주님께서 교회들에게 하시는 말씀이 기록되어 있습니다. 그러므로 교회인 우리는 요한계시록을 제대로만 읽으면 가슴이 떨리고 흥분될 수밖에 없습니다. 이 책을 읽는 모든 사람이 이런 경험을 하게 되기를 바랍니다.

14 주님께서 교회들에게 하시는 말씀

요한계시록은 교회에 관한 이야기이므로 먼저 예수님께서 교회들에게 주시는 메시지를 담고 있습니다.[2장과 3장] 물론 이것은 1세기 말 당시의 교회들에게 주신 내용이지만, 그 메시지는 시대를 초월해서 모든 교회들에게 해당한다고 볼 수 있습니다. "일곱"이라는 숫자가 '완전'을 의미하고, 또 각 교회에 대한 메시지 끝에 항상 "귀 있는 자는 성령이 교회들에게 하시는 말씀을 들을지어다"라고 하신 것을 보면 이를 알 수 있습니다.

편지들의 일정한 형식

일곱 교회에 보낸 편지들은 다 같은 형식을 취하고 있습니다. 이것도 완전수인 일곱 개로 되어 있음을 알 수 있습니다.

1) 대상이 누구인지를 먼저 밝힙니다.:
   "…교회의 사자에게 편지하기를."
2) 1장에서 이미 표현된 예수 그리스도의 모습으로 말씀하십니다.:
   에베소교회 – "오른손에 있는 일곱 별을 붙잡고 일곱 금 촛대 사이를 거니시는 이가 이르시되"
   서머나교회 – "처음이며 마지막이요 죽었다가 살아나신 이가 이르시되" … 이런 식으로 전개됩니다.

3) 각 교회의 영적 상태에 대하여 말씀하십니다.
4) 칭찬 또는 꾸중을 하십니다.
5) 그다음 권면의 말씀이 따릅니다.
6) 그리고 이어서 약속의 말씀을 주십니다.
7) 마지막으로 "귀 있는 자는 성령이 교회들에게 하시는 말씀을 들을지어다"로 끝납니다.

편지들 모두 예수님의 말씀으로 시작해서 성령의 말씀으로 끝납니다. 하나님 아버지와 예수 그리스도가 성령의 역사로 교회에 오셔서 우리를 하나님 아버지의 집(거처)으로 삼으셨음을 앞에서 살펴봤는데, 요한복음 14장 여기서도 우리는 예수님과 성령이 함께 계심을 확인함으로써 삼위일체 하나님 세 분이 늘 함께 계심을 미루어 짐작할 수 있습니다. 이렇게 삼위일체 하나님께서 함께 사시는 집이 바로 교회 공동체입니다.

각 교회에 주시는 메시지의 요약

헷갈린다는 이유로 요한계시록을 기피하는 사람들도 2장과 3장의 내용은 많이 설교하고 가르치곤 합니다. 이 부분은 계시문학적 표현이 비교적 적어서 해석하기가 그리 어렵지 않기 때문입니다. 그래서 구태여 2장과 3장의 자세한 내용을 이 책에서 또 설명할 필요는 없을 것입니다. 간단히 짚고 넘어가기로 하겠습니다.

에베소교회에 하시는 말씀 2:1~7

에베소교회는 교회 내에 침투한 거짓 선지자를 잘 가려내서 발붙이지 못하게 하는 교회였던 것 같습니다. 그리고 핍박도 잘 견뎌낸 교회였습니다. 하지만, 너무 정통을 부르짖다가 교회 안에 사랑이 식어버렸습니다. "처음 사랑"을 버렸다고 책망을 받았습니다. 예수님께 대한 사랑과 교회 안에서의 형제 · 자매 사이의 사랑이 메말라 버린 것 같습니다. 이 둘은 분리될 수 없는 하나입니다. 그런데 에베소교회는 처음 복음을 받아들였을 때 예수님을 열정적으로 사랑했던 감격과 또 예수님의 눈으로 형제 · 자매를 보고 그들을 사랑했던 감격이 사라져버렸습니다. 예수님께 대한 사랑이 식으면 자기 의만 살아서 형제 · 자매를 삐딱한 눈으로 보게 됩니다. 주님께서 이것을 회개하라고 권고하셨습니다. 회개하지 않으면 촛대를 그 자리에서 옮기겠다고 하셨습니다. 교회는 어두운 이 세상에 그리스도의 빛을 발하는 존재인데, 그리스도가 가려졌으니 더는 교회로서 존재할 가치가 없다는 말씀입니다. 교회가 이 세상이 알 수 없는 사랑으로 가득해야 세상을 비출 수 있는데 그렇지 못하면 없어져야 한다는 것입니다. 오직 회개해서 처음 사랑으로 돌아갈 때 "하나님의 낙원에 있는 생명나무의 열매"를 주셔서 먹게 하신다고 했습니다. 즉 하나님과의 생명의 교제를 회복하게 하십니다. 교회는 이 생명의 교제가 넘쳐나는 곳이어야 하기 때문입니다.

서머나교회에 하시는 말씀 2:8~11

서머나교회는 환란과 문제 속에서도 예수님께 충성하는 교회였습니다. 겉으로 볼 때는 아주 초라하기 짝이 없는 교회였지만 주님께서 보실 때는 부요한 교회였습니다. 그리스도와의 풍성한 생명의 교제를 경험하는 교회라는 뜻입니다. 주님은 교회의 겉모습을 보시지 않습니다. 교회가 잘 돌아가고 일을 많이 하는 것에 관심이 없으십니다. 오직 교회 안에 하나님의 생명이 얼마나 충만한지를 보고 싶어 하십니다.

버가모교회에 하시는 말씀 2:12~17

버가모교회는 핍박은 잘 견디는데 거짓 선지자를 용납하는 교회였습니다. 외부로부터 밀려오는 환란을 이겨내게 한 원동력은 '예수 그리스도의 믿음' (주님께서 'My faith' 라고 하셨음)이었습니다. 바로 갈라디아서 2:20의 '하나님의 아들의 믿음' 을 말하는 것입니다. 내 믿음(믿으려고 노력하는 수준) 가지고는 핍박이 왔을 때 견뎌내기 어렵습니다. 오직 우리 안에 거하시는 예수님의 믿음만이 환란 중에도 버텨낼 수 있습니다. 이런 믿음이 없으면, 환경이 좋을 때는 헤헤거리고 나쁠 때는 시험 들고 상처받기를 반복하게 됩니다. 이런 그리스도의 믿음은 어떻게 생깁니까? 사도 바울의 고백처럼 그리스도와 함께 십자가에 못박혀야만 가능합니다.갈2:20 자기중심적 자아가 죽어야만 합니다. 버가모교회는 이런 믿음으로 핍박은 잘 견뎠는데, 문제는 "발람의 교훈을 지키는 자들" 곧 "니골라당의 교훈을 지키는 자들"을 교회 내에 그대로 방치한 것이었습니다. 하나님의 선지자이면서도 욕심이 가득했던 발람처럼민수기 22~25장, 31장 교회 안에서 영적인 체하면서 세상과 짝하는 교인들을 가리키는 것 같습니다. 이런 사람들을 그대로 놔두면 결국 이 세상의 삶의 방식이 교회를 지배하게 되므로 경계해야 합니다.

두아디라교회에 하시는 말씀 2:18~29

두아디라교회는 진보하고 발전하는 교회였습니다: "네 나중 행위가 처음 것보다 많도다." 하지만, 이 교회도 교회 안에서 영적으로 물을 흐리는 사람들을 용납한 것이 문제였습니다. 구약의 이스라엘을 우상으로 물들게 한 이방 여자 이세벨처럼 교회 안에 세상의 가르침을 가지고 들어와 현혹하는 존재를 처리하지 못하는 두아디라교회를 주님께서 책망하신 것입니다. 버가모교회와 거의 비슷한 교회라고 볼 수 있습니다.

사데교회에 하시는 말씀 3:1~6

사데교회는 교회라는 간판만 있지 교회라고 할 수 없는 교회였습니다. 한 마디로 영적으로 죽은 교회입니다. 생명책에 이름이 기록된 사람이 단 몇 명밖에 되지 않는 교회로 간신히 명맥을 유지하는 교회입니다. 주님의 권고는 "네가 어떻게 받았으며 어떻게 들었는지 생각하고 지켜 회개하라"입니다. 즉 처음 복음을 들었을 때의 감격을 회복하라는 것입니다. 교회에는 언제나 하나님의 생명이 가득해야 하는데, 사데교회는 생명은 사라지고 형식과 절차만 남은 껍데기 교회였던 것 같습니다. 생명은 없고 종교만 남은 기독교가 아닌지 늘 점검해야 합니다.

빌라델비아교회에 하시는 말씀 3:7~13

빌라델비아교회도 서머나교회처럼 겉으로는 초라하고 연약한 교회였지만("적은 능력") 예수 그리스도를 드러내는 교회였습니다. 작지만 생명이 철철 넘치는 교회가 빌라델비아교회였습니다. 이런 교회에는 주님께서 "열린 문"을 두셔서 그리스도를 더 드러내게 하십니다. 주님은 이렇게 생명으로 가득한 교회를 통해 생명과는 담을 싼, 도저히 불가능할 것 같은 사람도 굴복시키십니다.3:9 이런 교회가 하늘에 속한 교회입니다("하늘에서 내 하나님께로부터 내려오는 새 예루살렘").

라오디게아교회에 하시는 말씀 3:14~22

라오디게아교회는 심히 착각하는 교회로서 주님을 구역질 나게 한 교회였습니다. 라오디게아는 그 당시 온천도시였는데 하필이면 그곳의 교회도 온천처럼 미지근한 게 문제였습니다. 자신이 '아니올시다' 인 것을 알면 심각하게 고민이라도 할 텐데, 부족함이 없다고 생각하니 변화될 가능성이 희박한 교회입니다. 주제 파악이 안된 교회라는 말입니다. 겉은 괜찮은 교회이지만 실은 영적으로 눈이 먼 교회입니다. 이렇게 적당히 예수 믿으면서 자기만족에 빠진 교회를 예수님은 토하여 내칠 정도로 너무 싫어하십니다. 3:20은 종종 불신자 전도용 구절로 잘못 오용되곤 하는데, 이것은 교회가 예수님과의 생명의 교제를 회복해야 한다는 말씀입니다. 라오디게아교회처럼 예수님을 교회 밖에 내몬 교회가 얼마든지 있을 수 있습니다. 교회 안에 예수님과의 생명의 교제는 없고 인간적인 것들이 판치는 경우가 비일비재하기 때문입니다. 이런 생명의 교제 차원은 "내 보좌에 함께 앉게 하여 주기를 내가 이기고 아버지 보좌에 함께 앉은 것과 같이 하리라"라는 말씀이 잘 표현해주고 있습니다.3:21 하나님 아버지와 예수 그리스도와 함께 보좌에 앉는 영광, 교회가 이런 입이 딱 벌어지는 경험을 할 수 있는 존재라는 것입니다. 주님께서 이런 교회생활로 우리를 초청하십니다.

주님께서 이렇게 1세기 말의 교회들을 향하여 칭찬과 책망의 말씀을 하셨습니다. 주님은 오늘날의 교회들을 향해서도 똑같은 말씀을 하실 것입니다. 고로, 우리는 무턱대고 교회생활을 할 것이 아니라, 주님께서 원하시는 교회가 어떤 교회인지를 제대로 분별해서 그런 교회생활을 해야 할 것입니다.

3부

심판주 어린양

15 보좌가 말해주는 것

요한계시록 4장부터 22장은 교회와 함께 계신 우주의 통치자 예수 그리스도께서 하나님을 떠난 이 세상을 심판하시고 교회를 승리로 이끄신다는 내용을 그린 대하드라마입니다. 앞으로 펼쳐질 드라마의 내용은 크게 두 가지입니다: 심판받는 이 세상과 승리하는 교회의 모습. 물론 우리가 이런 승리하는 교회를 경험하려면 2장과 3장에서 권면하신 주님의 말씀에 귀를 기울여야 합니다. "이기는 자" 곧 주님의 권면을 받아들여 이 세상과 역행하며 주님과 생명의 교제를 나누는 사람들이 그런 교회를 경험할 수 있기 때문입니다.[2:7, 11, 17, 26; 3:5, 12, 21] 그렇게 주님의 말씀을 따르는 교회가 과연 어떤 존재인지를 보는 것이야말로 요한계시록이 우리에게 주는 가장 중요한 메시지일 것입니다.

흥미진진한 드라마가 지금부터 시작됩니다. 4장은 그 드라마의 무대설정이고, 5장에선 드라마의 주인공이 등장합니다. 여기에 등장하는 상징들은 거의 다 구약성경의 에스겔 1장과 이사야 6장에서 따온 계시문학적 표현임을 알고 읽어야 합니다. 아니면, 엉뚱한 해석이 나올 수 있습니다.

주님께서 다 주관하고 계심

4장부터 나오는 내용은 밧모섬에서 귀양살이하던 요한이 열린 하늘을 통해서 본 것, 즉 성령의 감동으로 본 환상입니다. 다시 한번 강조하지만, 이것은 하나님께서 주시고자 하는 메시지를 상징적으로 묘사한 환상입니다. 고로, 저기 어딘가의 하늘나라라는 장소에 가면 실지로 이런 장면을 볼 수 있을 것이라는 순진한 생각을 하면 안 됩니다. 하나님을 대면하는 영광스러운 경험이 고작 이렇게 말이나 그림 같은 것으로 묘사할 수 있는 수준이 아니기 때문입니다.

이 환상은 마치 주전 6세기 때 바빌론에서 포로생활을 하던 에스겔이 열린 하늘을 통해 본 환상을 연상케 합니다.겔1:1 하나님 아버지와 예수 그리스도께서 하시는 일을 상징적으로 표현한 것입니다. 무슨 일을 하십니까? 4장과 5장에 "보좌"라는 말로 도배를 하다시피 한 것이 그 실마리입니다.17번 등장함 환경을 보고 실망하고 한탄하고 있던 요한과 1세기 말의 교회들에게 1장에서 보여주신 막강한 그리스도의 모습에 이어서 등장하는 장면입니다. 비슷한 환경에 처했던 에스겔에게 주셨던 메시지와 같은 메시지입니다. 바빌론 왕이 통치하는 줄 알았었는데 실은 하나님께서 보좌에 앉아 다스리심을 깨닫게 된 에스겔과 마찬가지로, 로마황제가 통치하는 것이 아니고 하나님 아버지와 예수 그리스도께서 보좌에서 다스리고 계심을 요한이 확인하게 된 것입니다. 이 세상 임금이 아니고 주님께서 다 주관하고 계시다는 메시지입니다. 그러므로 하나님께서 이 환상을 통해 말씀하시려는 메시지에 초점을 맞추어야 합니다. 이 메시지가 1세기 말의 교회 성도들뿐만 아니라 오늘날 교회로 살아가는 우리도 감격시킬 것입니다.

4:1의 "이 일 후에"와 "이후에"(또는 "그 후에는")라는 표현은 요한계시록 전체에 반복되는 말인데,7:1, 9, 9:12, 15:5, 18:1, 19:1, 20:3 요한계시록을 역사의 종말에 관한 책으로 보는 사람들이 이 말을 미래에 벌어질 일을 뜻하는 것이라고 착각하곤 합니다. 그러나 이것은 단순히 요한의 처지에서 본 것을 나타내주는 말입니다. 앞의 내용 다음에 하나님

께서 이것을 보여주시고, 또 그다음에 저것을 보여주셨다는 뜻입니다. 그래서 이것을 역사에 벌어질 사건들을 시간성으로 나열한 것으로 이해하면 엉뚱한 해석이 나오게 됩니다. 앞에서 강조한 바와 같이, 요한계시록의 드라마는 시간을 초월하는 하나님께서 하시는 일에 관한 것임을 잊으면 안 됩니다. 요한계시록의 내용은 언제 벌어지느냐에 초점을 맞춘 것이 아니고 누가 주관하고 계시는지, 그리고 누구를 통해 주관하시는지를 쓴 것입니다.

보좌 위에 있는 존재

4장과 5장에 걸쳐 계속 등장하는 "보좌"라는 말이 3:20~21의 바로 뒤에 연이어 나오고 있음을 주목해야 합니다. 주님께서 라오디게아교회에게 마지막으로 하신 말씀의 내용이 바로 그것입니다. 주님과 생명의 교제에 관한 것인데, 예수님께서 하나님 아버지의 보좌에 함께 앉은 것과 같이 주님과 생명의 교제 속에 있는 사람들도 예수님의 보좌에 함께 앉게 해주시겠다는 약속입니다. 이것이야말로 앞에서 살펴본 바와 같이 요한계시록 전체에서 강조하는 '교회가 하나님 아버지와 예수 그리스도와 함께 거하며 왕 노릇(통치) 하는 것' 입니다. 4:4의 하나님 보좌 주위의 보좌들 위에 있는 "이십사 장로들"이 이것을 확인시켜주고 있습니다.

> 또 보좌에 둘려 이십사 보좌들이 있고 그 보좌들 위에 이십사 장로들이 흰 옷을 입고 머리에 금관을 쓰고 앉았더라

나중에 살펴보겠지만, 바로 이런 무대 장면에 요한계시록의 주인공인 "어린 양" 예수 그리스도께서 등장합니다.[5:6] 실은 어린 양은 없다

가 등장하는 것이 아니라 항상 그 자리에 계십니다. 이것을 요한복음 버전으로 보면 다음과 같습니다.

> 예수께서 대답하여 이르시되 사람이 나를 사랑하면 내 말을 지키리니 내 아버지께서 그를 사랑하실 것이요 우리가 그에게 가서 거처를 그와 함께 하리라 _요14:23

> 아버지여, 아버지께서 내 안에, 내가 아버지 안에 있는 것 같이 그들도 다 하나가 되어 우리 안에 있게 하사 세상으로 아버지께서 나를 보내신 것을 믿게 하옵소서 내게 주신 영광을 내가 그들에게 주었사오니 이는 우리가 하나가 된 것 같이 그들도 하나가 되게 하려 함이니이다 곧 내가 그들 안에 있고 아버지께서 내 안에 계시어 그들로 온전함을 이루어 하나가 되게 하려 함은 아버지께서 나를 보내신 것과 또 나를 사랑하심 같이 그들도 사랑하신 것을 세상으로 알게 하려 함이로소이다 아버지여 내게 주신 자도 나 있는 곳에 나와 함께 있어 아버지께서 창세 전부터 나를 사랑하시므로 내게 주신 나의 영광을 그들로 보게 하시기를 원하옵나이다 _요17:22~24

이것을 또 사도 바울은 다음과 같이 표현했습니다.

> 허물로 죽은 우리를 그리스도와 함께 살리셨고(너희는 은혜로 구원을 받은 것이라) 또 함께 일으키사 그리스도 예수 안에서 함께 하늘에 앉히시니 이는 그리스도 예수 안에서 우리에게 자비하심으로써 그 은혜의 지극히 풍성함을 오는 여러 세대에 나타내려 하심이라 _엡2:5~7

그러므로 너희가 그리스도와 함께 다시 살리심을 받았으면 위의 것을 찾으라 거기는 그리스도께서 하나님 우편에 앉아 계시느니라 위의 것을 생각하고 땅의 것을 생각하지 말라 이는 너희가 죽었고 너희 생명이 그리스도와 함께 하나님 안에 감추어졌음이라 우리 생명이신 그리스도께서 나타나실 그 때에 너희도 그와 함께 영광 중에 나타나리라 _골 3:1~4

이렇게 하나님 아버지와 예수 그리스도와 함께 보좌에 앉아 있는 교회를 4장과 5장에서 "이십사(12x2) 장로들"이라는 상징적인 말로 표현하고 있습니다. 하나님께서 교회에게 자신의 영광을 나누어주셨다는 놀라운 메시지입니다. 그래서 요한계시록은 하나님 아버지의 모습(벽옥과 홍보석 같고…녹보석 같더라)과 교회의 모습(벽옥, 남보석, 녹보석,…홍보석…)을 흡사하게 그린 것입니다.4:3; 21:18~20 교회가 하나님처럼 고귀한 가치를 지닌 존재임을 뜻합니다. 교회가 예수 그리스도의 "공동 상속자"이기 때문입니다.롬8:17 하나님의 눈에 교회가 이렇다는 것입니다. 이런 영광스런 교회의 참모습을 보는 눈이 있어야 교회로 사는 우리가 어떤 환란과 고통에도 끄떡없이 버텨낼 수 있습니다.

여기서 "이십사 장로들"은 역대상 24:1~19의 하나님을 섬기도록 택함 받은 24 제사장들에서 따온 표현입니다. 시간을 초월하여 하나님께서 택하신 사람들 곧 교회를 상징합니다. 즉, 과거, 현재, 미래의 모든 하나님의 백성을 뜻합니다. "흰 옷을 입고 머리에 금 면류관을 쓰고" 보좌에 앉아 있다는 것은4:4 교회가 예수 그리스도와 함께 승리한 모습입니다. 교회가 이미 예수 그리스도의 십자가와 부활을 통해 함께 승리한 존재이기 때문입니다. 그리스도의 승리가 곧 교회의 승리입니다.

16 보좌 주변에서 무슨 일이?

4:5 이하에서는 하나님의 보좌 주변에서 무슨 일이 벌어지고 있는지를 묘사하고 있습니다. 구약성경의 여기저기서 따온 이미지로 코드를 삼아 영적인 메시지를 전달한 것인데, 하나님과 교회와 천지 만물이 함께 있는 장면을 보여주고 있습니다. 온 땅에 충만하신 하나님께 천지 만물과 교회가 영광을 돌리며 찬양하는 광경입니다. 저 멀리 어딘가에 있는 천국에서 벌어지는 일이 아니라는 것입니다. 이 장면은 하나님께서 어떤 장소에 있는 왕궁의 보좌에 앉아계신 것이 아니고 자신이 창조하신 우주에, 그리고 무엇보다도 예수 그리스도와 한 운명인 교회에 충만하심을 보여주고 있습니다.

영이 일곱 개?

4:5의 보좌 앞에 켠 "등불 일곱"은 구약성경의 스가랴 4장에서 따온 것인데 "하나님의 일곱 영"을 뜻한다고 했습니다. 이것은 이미 1:4에서 "보좌 앞에 일곱 영"이라는 표현으로 등장했었던 성령을 가리킵니다. 실지로 하나님 보좌 앞에 일곱 개의 영이 날아다닌다는 뜻이 아니라, 7이라는 완전수로 완전한 하나님의 영이신 성령을 상징하고 있습니다. 하나님 아버지와 함께 계시는 성령, 그리고 교회와 항상 함께 계시면서 교회를 통해서 온 세상을 밝게 비추시는 등불과 같은 역할을 하시는 분이 성령입니다. 이 교회와 함께 계시는 성령의 역할에 관해

서는 예수님께서 요한복음 14~16장에서 꽤 자세하게 말씀해주셨습니다.

하나님의 거룩하심과 위엄

4:5의 "번개와 음성과 우렛소리"가 난다는 것은 모세가 하나님을 만난 후에 시내산에서 들려온 우레와 번개와 나팔소리에 이스라엘 백성이 떨었던 장면을 연상케 합니다.출19:16 하나님의 보좌에서 나오는 것이므로 세 가지로 묘사했습니다.('신의 숫자' 인 3) 하나님의 거룩하심과 위엄을 상징하고 있습니다. 또 4:6의 "수정과 같은 유리 바다" 역시 구약성경의 에스겔 1:22의 "수정 같은 궁창의 형상"에서 따온 표현으로써 에스겔이 그것을 보고 두려워했던 것처럼 하나님의 위엄을 상징합니다. 바다나 궁창은 '분리' 의 상징입니다. 피조물과는 차원이 다른 거룩하신 하나님을 이렇게 표현한 것 같습니다.

거룩하신 하나님께 드리는 경배

이런 거룩하신 하나님을 "네 생물"이 밤낮 쉬지 않고 찬양하고 있습니다.4:6~9 이 네 생물은 물론 에스겔서 1장에서 따온 이미지인데, 4는 '땅, 피조물, 세상' 을 뜻하는 코드입니다. 즉 이 세상의 피조물을 상징하는 것 같습니다. 이 네 생물은 동물세계의 각 분야를 대표하는 상징입니다. "사자"는 맹수를 대표하고, "송아지"는 가축을 대표하고, "사람"은 물론 만물의 영장인 인간을 대표하고, '독수리' 는 날 짐승을 대표합니다. 이들이 하나님의 "보좌 가운데와 보좌 주위에" 있다는 것은 하나님께서 만물을 주관하고 계시고, 만물은 그 하나님께 끊임없이 영광을 돌려드리는 것을 상징하고 있습니다. 또 생물들의 앞뒤에 눈이 가득하고 날개 안과 주위에 눈이 가득하다는 것은 하나님의 임재가 자연세계에 가득함을 상징하는 것 같습니다. 온 땅에 충만하신 하나님을 뜻합니다. 그리고 "여섯 날개"와 "거룩하다 거룩하다 거룩하다"라는 표현은 이사야 6:2~3에서 가져온 것입니다. 이렇게 구약의 곳곳에서 동원된 여러 코드로 하나님의 위엄을 상징하는 것입니다.

4:9에는 보좌에 앉으신 하나님께 드리는 경배이므로 또 신의 숫자인 3이라는 코드를 사용해서 네 생물이 "영광과 존귀와 감사"이 세 가지로 찬양합니다. 자연세계가 이렇게 하나님의 영광을 드러냄과 동시에 이십사 장로들로 대표되는 교회 또한 하나님을 경배하며 역시 세 가지로("영광과 존귀와 능력") 화답합니다.4:10~11 다만, 교회는 다른 피조물과는 달리 "자기의 면류관을 보좌 앞에 던지며" 찬양합니다. 무슨 뜻입니까? 면류관은 통치와 승리의 상징입니다. 즉, 교회가 승리하고 통치하는 것은 전부 하나님께서 주도하셔서 된 것임을 고백하는 것입니다. 하나님 생명의 연장 선상에 교회가 있다는 뜻인데, 나중에 자세히 살펴보겠지만, 하나님께서 만물을 창조하신 목적이 바로 교회이기 때문입니다.

우리 주 도미티안 황제냐, 우리 주 하나님이냐?

4:11에서 이십사 장로들이 하나님을 "우리 주 하나님"으로 지칭하며 찬양하는 것은 그 당시 핍박당하는 교회의 상황과 관계가 있습니다. 로마제국 전체에 자신을 신으로 섬길 것을 강요한 도미티안 황제에게 붙여졌던 '우리 주 도미티안 황제'라는 말을 연상시키는 표현입니다. 즉, 도미티안이 주인Lord이 아니고 하나님께서 주인이심을 강조한 것입니다. 오직 하나님만이 경배받으시기에 "합당"하신 분이라는 것입니다. 그리고 하나님은 로마제국 정도가 아니라 만물을 지으신 창조주이시고, 또 지금도 만물이 전부 하나님의 뜻에 따라 좌지우지되고

있음을 선포하고 있습니다.

환란 중에 답답했던 요한이 이 장면을 보고 무엇을 느꼈겠습니까? 창조주 하나님께 드리는 이 장엄한 예배 속에 파묻혀서 큰 위로를 얻지 않았겠습니까? 오늘 우리도 어떤 환경에서든지 만물의 주인이신 "우리 주 하나님"의 임재 속에 있을 때 큰 힘이 솟아나게 될 것입니다. 지금 우리를 압도하려 하는 눈에 보이는 이 세상 너머 저 높은 차원에서 주 하나님께서 통치하고 계시기 때문입니다. 그리고 교회 또한 면류관을 하나님께 드리며 그 통치에 동참하고 있기 때문입니다.

17 어린 양의 등장

창조주이신 하나님을 향한 장엄한 예배에 이어 펼쳐진 5장의 광경은 "어린 양"이 등장하여 하나님의 권세가 어린 양에게 연장되고, 이제 어린 양을 향해서도 예배하는 장면입니다. 물론 여기서 어린 양은 예수 그리스도를 상징합니다. 출애굽기 12장에 나오는 유월절 "어린 양"의 이미지를 따온 것입니다. 이 말은 요한계시록에 모두 29번이나 등장하는 중심단어 중 하나입니다. 예수 그리스도께서 이 요한계시록이라는 드라마의 주인공이시기 때문입니다. 5장은 이렇게 구약성경의 출애굽기에서 따온 이미지와 함께 에스겔과 다니엘에서 빌려온 코드로 심판주이신 예수 그리스도의 등장을 그리고 있습니다.

안팎으로 쓴 책과 일곱 인

요한이 하나님의 오른손을 자세히 보니 거기에 "두루마리"가 있었습니다.[5:1] 이것은 에스겔 2:9~10과 다니엘 7:10에서 따온 상징입니다. 하나님의 계획과 심판하실 내용이 기록되어 있는 책입니다. 그런데 이 두루마리의 특징은 "안팎으로" 썼다는 데 있습니다. 즉, 더 쓸 자리가 없이 빼곡하게 썼다는 뜻입니다. 무슨 뜻입니까? 하나님의 계획과 심판에는 이제 더는 더할 것이 없다는 말입니다. 조금도 보완할 필요가 없이 완벽함 그대로라는 것입니다. 하나님께서 마음을 바꾸시거나 돌이키시지 않는다는 뜻입니다. 따라서 이 하나님의 계획과 심판은 지금 이 순간에도 조금도 차질 없이 착착 진행되고 있습니다. 우리가 교회로서 이것을 알고 있다면 어떤 상황에도 안심하고 주님의 길을 갈 수 있을 것입니다.

그런데 문제는 이 두루마리를 "일곱 인"으로 봉했다는 데 있습니다.[5:1] 7이라는 코드가 의미하는 것은 물론 완전히 인봉했음을 말합니다. 그 책의 내용을 아무나 알 수 없다는 뜻입니다. 하나님께서 확정하신 게 있는데 완전히 가려져 있는 비밀이라니…요한은 크게 울 수밖에 없었습니다.[5:3~4] 지금 교회가 안팎으로 고난을 당해 힘든 상태인데 하나님께서 하시는 일을 알 수가 없으므로 낙담할 수밖에 없었던 것입니다. 그림의 떡에 불과하다면 무슨 소망이 있었겠습니까?

누가 일곱 인을 뗄 수 있는가?

두루마리의 내용이 완전히 가려져 있어 낙담하고 있던 요한에게 기쁜 소식이 들려왔습니다. "장로 중의 한 사람이" 일곱 인을 뗄 수 있는 주인공을 알고 있었습니다.[5:5] 어떻게 장로 중의 하나가 이런 엄청난 사실을 알고 있을까요? 여기서 "장로"는 누구를 상징합니까? 교회입니다. 이십사 장로들로 상징된 교회만이 일곱 인을 뗄 주인공을 알고 있습니다. 이 세상은 알 수 없는 것을 하나님과 예수님과 함께 있는 교회는 알고 있습니다.

교회가 무엇을 알고 있습니까? "유대 지파의 사자 다윗의 뿌리"가 이미 승리하셨기 때문에, 그 일곱 인을 떼어 하나님의 계획과 심판을 밝히 드러내심을 교회는 알고 있습니다. "유대 지파의 사자 다윗의 뿌리"라는 말은 창세기 49:9과 이사야 11:1, 10에서 가져온 것입니다. 예수 그리스도를 상징하는 계시문학적 표현입니다. 승리하신 예수님만이 하나님의 완벽한 계획을 이루실 수 있음을 교회는 알고 있습니다.

예수님께서 언제 승리하셨습니까? 십자가와 부활과 승천이 바로 그 승리입니다. 교회는 예수님과 함께 이것을 경험한 존재이므로 "장로 중의 하나"가 요한에게 이 사실을 알려줬다고 한 것입니다.

주인공이신 어린 양

앞에서 "유대 지파의 사자 다윗의 뿌리"가 두루마리와 일곱 인을 떼실 것이라고 했는데, 실지로 등장한 존재는 "어린 양"입니다.5:6 예수님이 사자도 되고 어린 양도 됩니다. 이것만 봐도 계시문학적 표현이 어떤 것인지 알 수 있을 것입니다. 예수님을 이런 저런 말로 상징하고 있습니다. 또 이 장면이 천국의 실지 모습을 그린 것이 아닌 상징이라는 것도 금방 알 수 있습니다. 왜냐하면, 나중에 이 세상을 떠나 천국에 가서 어린 양 한 마리와 그 어린 양에게 경배하는 천사들을 볼 것으로 생각하는 사람은 한 명도 없을 것이기 때문입니다. 그렇다면, 앞으로 나타날 아마겟돈이나 천 년 동안 왕 노릇할 것도 실지 현상이 아닌 뭔가를 상징한다는 것을 짐작할 수 있어야 하는데, 어린 양은 상징이고 아마겟돈이나 천년왕국은 실지 현상이라고 고집하는 것을 어떻게 이해해야 할까요?

앞의 4장에서는 요한의 눈에 어린 양이 보이지 않았었는데 5장에서 "보좌와 네 생물과 장로들 사이에" 어린 양이 섰다는 것은 예수님께서 무대 중앙을 차지하는 드라마의 주인공이심을 상징한 것입니다. 실은, 없다가 등장하신 것이 아니라 예수님은 원래부터 거기 계신 분입니다. 다만, 여기서 "일찍이 죽임을 당한 것 같더라"라는 표현으로 예수님이 십자가로 승리하셨음을 강조하고 있습니다. 5:9의 노래의 내용이 이것을 뒷받침해주고 있습니다. 이미 5:5에서 언급했던바, 예수님께서 승리하셨기 때문에 일곱 인을 떼시기에 합당하신 주인공이라는 것에 계속 초점을 맞추고 있습니다.

여기서 우리가 꼭 주지해야 할 사실은 하나님께서 보시는 승리의 개념과 이 세상에서 말하는 승리의 개념이 완전히 다르다는 것입니다. 이 세상은 로마제국처럼 물리력을 사용하여 승리를 쟁취하지만, 하나님께는 오직 십자가만이 승리입니다. 그래서 요한계시록에서 예수님을 계속 "어린 양"으로 지칭하고 있고, 5장에서뿐만 아니라 서두부터 예수님의 죽음을 강조했던 것입니다.1:5 그러므로 예수님께 속한 교회 또한 어떤 경우에도 물리력을 동원해서 이기려 하지 말고, 모든 것을 하나님께 맡기고 하나님의 목적만이 이루어지도록 예수님처럼 십자가의 길을 가야 합니다. 하나님의 계획은 십자가를 통해서 성취되기 때문입니다. 교회가 십자가의 길을 거부한다면, 어린 양 예수님과 아무런 상관이 없음을 증명하는 것입니다.

하나님의 권세가 예수님께 이양됨

주인공 어린 양에게 "일곱 뿔과 일곱 눈"5:6이 있다는 것은 무슨 뜻일까요? 어린 양이 무슨 괴물이라는 말입니까? 뿔은 '힘'을 상징하고 눈은 '꿰뚫어보는 능력'을 상징한다는 것쯤은 이제 짐작할 수 있을 것입니다. 7이라는 숫자 코드는 물론 '완전함'을 상징합니다. 즉, 예수님께서 전능하시고 전지하시다는 것을 이렇게 표현한 것입니다. 4장의 창조주 하나님과 동등하심을 암시한 것입니다. 눈이 "일곱 영"이라고 했는데, 이 표현은 이미 1:4과 4:5에 등장했었습니다. 완벽한 영이신 성령을 가리킵니다. "이 눈들은 온 땅에 보내심을 받은 하나님의 일곱 영"이라는 말에서 알 수 있는 것은 요한복음 14~16장에서 말씀하신바, 성령이 육체로 오셨던 예수님을 대신해서 예수님의 사역을 하신다는 사실입니다. 이것에서도 우리는 이것이 저 멀리 어딘가에 있는 하늘나라가 아니고, 하나님 아버지와 예수님과 성령과 교회와 자연세계가 함께 있는 장면을 묘사하고 있음을 알 수 있습니다.

어린 양 예수님께서 창조주 하나님과 동등하시므로 하나님의 오른 손에서 두루마리를 취하십니다.[5:7] 하나님의 권세가 예수님에게로 이양되었음을 상징합니다. 예수님께서 하나님의 모든 계획을 이루시는 분이시고 심판을 집행하는 권세를 갖고 계심을 뜻합니다. 예수님께서 "하늘과 땅의 모든 권세를 내게 주셨으니"[마28:18] 라고 하신 말씀과 일치합니다. 이제 두루마리가 예수님의 수중에 있으니 예수님께서 그 속의 내용을 다 드러내시며 이 세상에 심판이 임할 것을 예고한 것입니다. 6장부터 이것이 벌어집니다.

예수님께서 두루마리를 취하심과 동시에 자연세계와 교회가 예수님 앞에 엎드려 경배합니다.[5:8] 여기서 "향이 가득한 금 대접"은 출애굽기 30장에 나오는 성전의 금 향로에서 따온 표현입니다. 그리고 향이 "성도의 기도들"이라는 말은 핍박 중의 교회가 하나님의 뜻이 성취되도록 기도한 것이 빠짐없이 하나님께 상달 되었음을 의미합니다. 예수님은 결코 교회를 저버리시지 않았다는 것입니다. 따라서 교회를 핍박하는 이 세상에 심판이 틀림없이 임할 것임을 암시하고 있습니다. 두루마리가 모든 권세를 가지신 예수님의 손에 있는 한, 하나님의 계획은 차질 없이 성취될 것이기 때문입니다.

어린 양을 향한 찬양과 경배

5:9~14은 예수님을 향한 장엄한 찬양이 울려 퍼지는 광경을 그리고 있습니다. 피조물과 교회와 천사들의 합창이 이어집니다. 5:9~10의 찬양은 1:5~6에 이미 언급한 내용을 담고 있는데, 교회가 어떤 존재인지를 드러내고 있습니다. 이 세상에서 불러내서 예수님과 동등한

가치를 부여받아("피로 사서") 하나님의 나라와 제사장이 되어 지금 이 땅에서 왕 노릇 하는 대단한 존재가 바로 교회입니다. 여기서 "족속과 방언과 백성과 나라"라고 한 것은 '이 세상'을 뜻하는 4라는 숫자 코드로 이 세상에서 교회를 빼내었음을 상징한 것입니다. 이 세상에 있지만, 이 세상과는 가치가 다른 존재인 교회, 이것이 바로 교회의 현주소입니다. 교회는 하늘에 속한 존재로서 지금 이 땅에서 왕 노릇 하는 것입니다.

핍박에 시달리는 교회가 무슨 왕 노릇을 합니까? 이런 질문은 세상의 눈으로 볼 때 나오며, 하나님의 눈으로 볼 때 교회는 "나라와 제사장", 즉 새로운 이스라엘로서 그리스도의 왕권을 이 땅에 드러내는 존재입니다. 모든 권세를 가지신 예수 그리스도의 왕권에 참여하는 존재라는 말입니다. 그러므로 예수님께 찬양하지 않을 수 없습니다.

5:12의 천사가 합세하여 드리는 찬양은 어린 양이 7가지를 받으시기에 합당하다고 했습니다. 예수님께서 완벽한 찬양을 받으실 자격이 있는, 창조주 하나님과 동등하신 분임을 강조한 것입니다. 그리고 5:13의 하나님과 예수님에게 드리는 찬양에서는 모든 만물이 4가지를 돌려 드립니다. 자연세계가 찬양하므로 4라는 숫자 코드를 사용한 것입니다.

4장과 5장은 이렇게 창조주 하나님과 구속자 예수님께 경배하는 광경을 요한에게 보여주심으로써 고난 중에 있는 교회가 실상이 무엇인지를 바로 파악하도록 해준 것입니다. 육신의 눈에 보이는 것으로 판단하지 말고 하나님의 눈으로 모든 것을 보라는 것입니다. 4장과 5장이 바로 그 실상입니다. 요한계시록에서 앞으로 펼쳐지는 모든 장면은 이 4장과 5장을 전제로 하고 있습니다. 모든 것이 예수 그리스도의 주권 아래 있다는 말입니다. 교회가 이것을 꼭 알아야 합니다.

18 인을 떼시는 어린 양

요한계시록을 문자적으로 이해하는 사람들은 6장부터 펼쳐지는 내용을 실지로 벌어질 종말의 현상으로 보고 별별 희한한 해석을 하곤 하는데, 그것은 계시문학임을 간과하기 때문입니다. 요한계시록의 내용이 시공을 초월하는 주님의 역사를 알게 해주는 메시지이고, 교회가 세상에 있지만 동시에 하늘에 있는 존재임을 안다면 헷갈릴 이유가 없습니다.

6장 이후엔 똑같은 메시지를 세 번 반복하여 강조하는 드라마가 펼쳐집니다. 일곱 인, 일곱 나팔, 일곱 대접이 바로 그것입니다. 다만, 일곱 인은 4분의 1 심판,[6:8] 일곱 나팔은 3분의 1 심판,[8:7~12] 이렇게 부분적 심판을, 그리고 일곱 대접은 전체 심판을 그리고 있습니다.[16장] 말하자면, 하나님께서 강도를 높여가며 이 세상을 심판하신다는 것을 암시해줍니다. 그리고 심판의 중간에 항상 화제를 잠깐 바꾸어 양념을 치고 넘어가는데, 이런 무서운 심판이 임하는 중에 교회의 운명은 어떻게 되는가를 알려주면서 독자인 교회들을 안심시키고자 함입니다.

6:1~8은 어린 양 예수님께서 5:1과 5:7에서 언급된 "일곱 인"을 하나씩 떼시는 장면인데, 네 생물이 각각 "오라"고 하자 네 가지 다른 색깔의 말이 등장합니다. 4라는 숫자 코드로 볼 때 이것은 이 땅에 임하는 심판을 의미하는 것 같습니다. 일곱 나팔과 일곱 대접도 역시 처음

네 개는 같은 성격입니다.

네 종류 말의 등장

어린 양이 첫째 인을 떼실 때 등장하는 것은 "흰 말"입니다.6:1~2 종종 이 말의 색깔이 희다고 해서 이것을 19:11~16의 백마 타신 그리스도와 혼동하는 경향이 있는데, 여기서는 그렇지 않은 것 같습니다. 단지 '승리'의 이미지를 강조한 것입니다. 이것은 1세기 당시의 파르티아 제국 기병대를 상징으로 사용해서 이 세상에 대한 심판을 그린 것입니다. 그 당시 로마제국 동쪽에 있던 파르티아 제국의 기병대는 말을 탄 상태로 활을 쏘는 솜씨가 대단했고, 벌떼처럼 몰려와서 로마제국 동방을 쑥밭으로 만들곤 했는데 여기에 그 이미지를 빌려온 것 같습니다. 이 세상이 속수무책으로 당할 수밖에 없는 주님이 내리시는 심판의 가공할 위력을 상징하는 것 같습니다.

두 번째인 "붉은 말"은 설명할 필요 없이 '전쟁'을 상징합니다.6:3~4 피의 색깔로 서로 죽이고 죽이는 전쟁을 그리고 있습니다. 역사상 벌어진 모든 전쟁은 하나님을 떠난 이 세상에 내린 하나님의 심판입니다. 자기중심적인 인간들의 세상이 존재하는 한 전쟁은 절대 끊이지 않는데 이것이 바로 주님의 심판입니다. 지금 지구 상에 전쟁 중인 나라가 아주 많지만, 이것은 오늘날에 국한된 것이 아니라 과거에도 그랬고 미래에도 역시 그럴 것입니다.

세 번째인 "검은 말"은 '기근'을 상징합니다.6:5~6 말을 탄 자가 "손에 저울"을 가졌다는 것은 상인들이 정확하게 곡물의 무게를 재서 파는, 풍부하지 않은 상황을 암시합니다. 풍부할 때는 덤도 주고 개평도 주고 하는데, 그렇지 않은 부족한 상태를 뜻합니다. 하루 임금인 한 데나리온으로 밀 한 되와 보리 석 되밖에 사지 못할 정도로 힘든, 하루 벌어서 간신히 입에 풀칠하는 상황입니다. "감람유와 포도주"는 그 당시의 기본 양식입니다. 즉, 이것들마저 없다면 다 굶어 죽으므로 기본 양식은 건드리지 말라고 한 것입니다. 아주 궁핍한 상태를 이렇게 묘사했습니다. 이것도 역시 과거, 현재, 미래를 통틀어 주님을 거역하는 이 세상에 임하는 심판입니다.

네 번째인 "청황색 말"은 '사망'을 상징합니다. 인간은 누구나 죽습니다. 전쟁으로, 질병으로, 사고로, 굶주림으로, 스스로 목숨을 끊어서, 또는 제 명에 다 죽습니다. 이것이야말로 주님의 심판 중 가장 두드러진 것입니다. 이것을 피할 사람은 아무도 없습니다. 선악을 알게 하는 나무의 열매를 "먹는 날에는 반드시 죽으리라"창2:17고 하신 하나님의 말씀을 듣지 않아서 인간에게 영적 죽음뿐 아니라 결국 육체의 죽음까지 오게 된 것을 우리는 잘 알고 있습니다. 사망은 하나님을 떠난 인간에게 임하는 주님의 심판입니다. 여기서 일곱 인의 심판은 "사분의 일" 즉 부분적 심판입니다. 주님께서 제한적으로 심판하시다가 결국 완전히 심판하실 것을 예고하고 있습니다.

심판의 정당성

다섯째 인부터는 앞의 네 개와는 다른 장면이 펼쳐집니다. 앞의 네 개는 이 세상에 표면적으로 임하는 심판을, 뒤의 세 개는 이면의 영적 세계를 다루고 있습니다. 우선 어린 양이 다섯째 인을 떼실 때 펼쳐진 장면은 이 세상에 심판이 임하는 것이 왜 정당한지를 보여줍니다.6:9~11 '교회가 과연 그리스도의 복음을 드러내다가 핍박받고 순교하고 말 것인가? 언제까지 "땅에 거하는 자들"에게 교회가 당하고만 있어야 하는가? 하나님의 공의는 실현될 가능성이 희박한 것일까?' 이런 회의를 품는 교회 성도들에게 주시는 하나님의 메시지입니다.

여기서 "땅에 거하는 자들"은 "하늘에 거하는 자들"의 반대말입니다. 교회 밖의 이 세상 사람들을 가리키는 표현입니다. 즉, 교회가 이 땅에 있지만, 하늘에 속했으므로 "하늘에 거하는 자들"이라고 한 것입니다. 다시 강조하지만, 하늘이 저 멀리 어딘가에 있는 장소가 아님을 분명히 밝혀야 합니다. 이것에 대해서는 13:6~14을 보면 금방 알 수 있습니다. 앞에서도 강조한 바와 같이, 요한계시록에서 교회는 하늘과 땅에 동시에 거하는 존재로 그려지고 있음을 알아야 바로 해석할 수 있습니다. 참 교회는 이렇게 하늘 소속이므로 땅에 속한 사람들을 향해 하늘의 복음을 드러낼 수밖에 없고, 이 세상 곧 땅에 속한 사람들은 그것을 참지 못하고 교회를 핍박할 수밖에 없습니다. 그리고 주님은 자신에게 속한 교회를 핍박하는 이 세상에 정당한 심판을 내리십니다.

그런데 교회인 우리 쪽에서 보면 교회는 늘 패하는 것 같고, 심판이 우리가 원하는 그때그때 시원하게 임하지 않으므로 답답해합니다. 그러나 앞에서도 언급했던 것처럼 주님께서 보시는 승리는 이 세상의 개념과는 아주 다릅니다. 핍박을 거친 교회에게 언제나 "흰 두루마기"를 주십니다. 이것은 승리와 거룩함의 상징입니다. 그리고 "아직 잠시 동안 쉬되 그들의 동무 종들과 형제들도 자기처럼 죽임을 당하여 그 수가 차기까지 하라"고 하십니다.6:11 즉, 주님께서 이렇게 말씀하시는 것입니다: "교회여, 이 세상의 핍박을 겁내지 마라. 죽는 것도 두려워 말라. 그것은 십자가의 길을 가는 것이다. 이렇게 십자가로 사는 것이 곧 예수님께 속했음을 드러내는 것이요, 그것이 진정한 승리이다. 십자가 자체가 곧 영광이다."

이것이야말로 신약성경이 일관성 있게 우리에게 주는 메시지 아닙니까? 이것을 제대로 깨달아야만 주님이 내리시는 심판의 정당성을 말할 자격이 있는 것입니다.[6:10] 그리고 이것을 아는 교회만이 요한계시록이 말하는 주님의 심판이 얼마나 무서운 것인가를 알 수 있습니다. 즉, 이 심판은 무슨 '세계 3차 대전' 이니 '핵전쟁' 이니 하는 수준을 뛰어넘는 더 무시무시한 심판입니다. 이 심판을 표면적으로 벌어지는 현상으로 이해하니까 유치한 종말론에 사로잡히게 됩니다. 그러므로 여섯째 인이 떼어지므로 펼쳐지는 장면을 바로 이해해서 주님의 심판이 진정 무엇을 뜻하는지 알아야 합니다.

19
어린 양의 진노

여섯째 인은 다시 공기 탁한 무서운 심판을 묘사하고 있습니다.[6:12~17] 여기 등장하는 코드는 어느 계시문학에나 공통으로 사용되는 상징입니다. 이 코드는 구약성경의 곳곳에서 빌려온 것인데,[사 13:10~13, 34:4; 겔32:7~8; 욜2:31] 이런 코드로 무엇을 드러내려 한 것일까요?

실지 현상인가, 상징인가?

이것은 마지막 때 지구에 실지로 나타날 천재지변을 말하는 것이 아닙니다. 하늘의 별이 얼마나 큰데 그 별들이 바람에 무화과나무 열매가 떨어지듯 땅에 떨어진단 말입니까? 일반적으로 태양의 크기가 지구의 130만 배인 것은 알려진 사실인데, 그럼 밤하늘에 보이는 별들 대부분은 그 크기가 얼마나 될까요? 그 별들은 보통 태양의 수만 배에서 수십만 배의 크기이고, 지금까지 발견된 가장 큰 별은 그 크기가 자그마치 태양의 360만 배입니다. 따라서 별 하나의 크기가 지구의 수백억 배에서 수천억 배도 더 된다는 말입니다. 이런 별들이 지구에 우수수 떨어진다는 것을 실지 현상으로 믿는 것이야말로 기적 중의 기적일 것입니다. 또 하늘이 두루마리가 말리는 것처럼 떠나간다는 것이 말이나 됩니까? 현대 과학을 아는 우리가 볼 때 있을 수 없는 현상입니다.

그럼 무엇을 말하는 것입니까? 이것은 실지 현상이 아니라 영적인 메시지를 담은 상징입니다. 계시문학체를 사용해서 영적인 심판을 묘사하고 있습니다. 여기서 재앙들도 7가지이고, 재앙을 당하는 사람들도 7종류인 것을 보십시오. '완전, 모든 것' 을 의미하는 7이라는 숫자로 완전한 재앙이 이 세상 모든 사람에게 임한다는 것을 표현한 것입니다. 물론 이 재앙을 당하는 사람들은 "땅의" 사람들입니다.6:15 6:10의 "땅에 거하는 자들" 곧 교회 밖에 있는 이 세상 사람들을 뜻합니다. 고로, 이 장면은 그리스도께 속하지 않은 모든 사람에게 임하는 피할 수 없는 영적인 심판에 대해 말하는 것입니다.

요엘 2:28~32과 사도행전 2:17~21

이렇게 해, 달, 하늘 등을 단골로 등장시켜서 영적 메시지를 전달하는 것이 계시문학의 특징인데, 구약성경의 요엘 2장과 사도행전 2장을 비교해보면 이것을 엿볼 수 있습니다. 우선 선지자 요엘이 전한 하나님 말씀의 내용에 보면, 하나님께서 다음과 같이 하시겠다고 했습니다.

> 이적을 하늘과 땅에 베풀리니 곧 피와 불과 연기 기둥이라 여호와의 크고 두려운 날이 이르기 전에 해가 어두워지고 달이 핏빛같이 변하려니와… _욜2:30~31

그런데 요엘이 전한 이 말씀을 베드로는 실지로 벌어질 현상으로 이해하지 않고, 다음과 같이 해석했습니다.

> 이는 곧 선지자 요엘을 통하여 말씀하신 것이니 일렀으되…또 내가 위로 하늘에서는 기사를 아래로 땅에서는 징조를 베풀리니 곧 피와 불과

연기로다 주의 크고 영화로운 날이 이르기 전에 해가 변하여 어두워지고 달이 변하여 피가 되리라…그가 약속하신 성령을 아버지께 받아서 너희가 보고 듣는 이것을 부어 주셨느니라 _행2:16~33

오순절에 성령 충만을 받은 제자들이 여러 나라 언어로 하나님의 큰 일을 선포하자, 이것을 들은 사람들이 놀라서 제자들에게 새 술에 취했다고 조롱했을 때 베드로가 한 말입니다. 뭐라고 했습니까? 요엘이 예언한 것이 바로 그리스도의 바통을 이어받은 성령의 역사를 가리킨다는 것입니다. 실지로 하늘이나 해나 달에 무슨 징조가 있는 것이 아니고, 그리스도의 십자가와 부활과 승천, 그리고 성령의 오심으로 심판이 시작되었다는 영적인 메시지를 베드로가 드러냈습니다. 오순절에 하늘과 해와 달에 무슨 이상 징조가 일어났다는 얘기는 사도행전에 한 마디도 없습니다. 계시문학의 코드라는 것이 바로 이런 것입니다. 요한계시록 6:12~14도 이런 코드로 영적인 심판을 묘사하고 있습니다.

어떤 심판을 말하고 있는가?

그럼 참 교회 밖의 이 세상 모든 사람에게 임하는 이 심판은 과연 무엇을 뜻할까요? 이것은 하나님을 거역하고 죄로 물든 인간의 영적 혼란 상태를 말하는 것 같습니다. 그들의 삶 속에서 일어나는 무서운 고통입니다. 사도 바울이 다음과 같이 말한 것과 일맥상통한다고 볼 수 있습니다.

또한 그들이 마음에 하나님 두기를 싫어하매 하나님께서 그들을 그 상실한 마음대로 내버려 두사 합당하지 못한 일을 하게 하셨으니 곧 모든

> 불의, 추악, 탐욕, 악의가 가득한 자요 시기, 살인, 분쟁, 사기, 악독이 가득한 자요 수군수군하는 자요 비방하는 자요 하나님께서 미워하시는 자요 능욕하는 자요 교만한 자요 자랑하는 자요 악을 도모하는 자요 부모를 거역하는 자요 우매한 자요 배약하는 자요 무정한 자요 무자비한 자라 _롬 1:28~31

하나님을 거역하는 이 세상 사람들을 이렇게 죄에 그대로 내버려 두신 자체가 무서운 심판입니다. 평생 죄의 노예가 되어 삶 속에 온갖 고통을 안고 살아가야 하는 것이야말로 무시무시한 심판이 아닐 수 없습니다. 죄인들은 영광스러운 하나님의 얼굴("보좌에 앉으신 이의 얼굴")을 대할 수 없습니다.[6:16] 하나님께서 "모든 사람이 죄를 범하였으매 하나님의 영광에 이르지 못하더니"[롬3:23]라고 하셨기 때문입니다.

이런 심판으로 오는 혼란과 고통에 대한 이 세상의 반응은 고작 일시적인 도피입니다("산들과 바위에게 말하되 우리 위에 떨어져…우리를 가리우라" – 이것은 호세아 10:8에서 빌려온 것임). 인간은 근본적인 문제를 알지 못하기 때문에 정치, 경제, 문화, 교육, 심리학, 종교 등의 인간적 방법을 동원해서 해결해보려 하지만 아무리 피하려고 발버둥을 쳐봐도 이 심판을 피할 수는 없습니다. 어린 양이신 예수 그리스도의 진노에서 피할 자는 이 세상엔 아무도 없습니다. 예수님을 믿지 않는 자는 벌써 심판을 당한 것이기 때문입니다.[요3:18] 그들은 항상 "진노의 큰 날"을 살아가고 있습니다.[6:17]

20 심판 중에도 안전한 사람들

'아무도 피할 수 없는 이런 어린 양의 진노에서 살아남을 수 있는 사람이 과연 있을까?' 이것이 이 무서운 심판을 보면서 저절로 나오게 되는 질문일 것입니다. 6:17의 "누가 능히 서리요"라는 질문이 바로 그것인데, 이에 대한 대답이 7장의 내용입니다. 이 심판에 해당하지 않는 사람들이 있다는 것입니다. 그들이 누구일까요?

이마에 인침을 받은 자들

7:1~3은 온 세상을 심판하려고 나타나는 천사들이 어떤 이유에 의해 잠깐 동작을 멈추는 장면입니다. "네 천사"가 땅 "네 모퉁이"에 서서 "사방"의 바람을 불지 못하게 합니다. 여기에 4라는 숫자 코드가 세 번이나 사용되어 있습니다. 4는 '땅 또는 세상'을 뜻하는 숫자입니다. 즉, 이 심판은 세상 전체에 임하는 심판임을 알 수 있습니다. 그런데 이 심판이 잠깐 중단되었다고 했는데, 그것은 하나님 종들의 이마에 인을 치는 일 때문입니다.[7:3]

이마에 인을 치는 것은 에스겔 9:1~6에서 따온 것입니다. 인을 친다는 것은 그 당시에 아주 중요한 문서를 봉하고 왁스를 칠한 다음 거기에 반지로 도장을 찍는 것을 말합니다. 이것을 '인장 반지' signet ring라고 하는데, 이렇게 인을 치면 허락된 사람 외엔 아무도 열어볼 수 없습니다. 따라서 인을 친다는 것은 '안전, 보호'를 의미하는 상징입니다.

그러므로 "하나님의 종들의 이마에 인치기까지 땅이나 바다나 나무들을 해하지 말라"는 말은 교회가 안전하게 보호되는 것을 의미합니다. 교회가 인류 역사상 계속 벌어지는 하나님의 심판에도 안전하게 보호받고 있음을 이렇게 표현한 것입니다. 사도 바울은 이것에 대해 이렇게 말했습니다.

> 그 안에서 너희도 진리의 말씀 곧 너희의 구원의 복음을 듣고 그 안에서 또한 믿어 약속의 성령으로 인치심을 받았으니 _엡 1:13

> 하나님의 성령을 근심하게 하지 말라 그 안에서 너희가 구원의 날까지 인치심을 받았느니라 _엡 4:30

인침을 받은 십사만 사천

7:4의 하나님의 인침을 받은 "하나님의 종들"의 수가 "십사만 사천"이라는 것에서 온갖 해괴한 해석이 등장했습니다. 여기서 말하는 십사만 사천이 바로 자기들이 속한 그룹을 가리킨다고 철석같이 믿는 사람들이 있는가 하면, 성경 어디에도 없는 소위 '7년 환란'이라는 것을 만들어내서 7:4~8을 문자적으로 이해하여 짜깁기한 사람들도 있습니다. 즉, 십사만 사천이 교회가 휴거하고 난 후 7년 환란 때 복음을 전할 저 중동의 이스라엘 사람들을 가리킨다는 이론입니다. 전자는 두말할 것도 없이 사이비나 이단임에 틀림없는데, 후자는 소위 정통 교회 중에서도 심심치 않게 가르쳐지고 있어 '정설'로 굳어진 듯합니다. 이것은 앞에서 살펴본 모자이크의 '원판'과도 같은 '중동의 이스라엘이 하나님의 계획의 중심이다'라는 사상에서 기인한 것입니다. 요한계시록이 계시문학이라는 것을 간과하고 문자적으로 보는 잘못

때문에 빚어진 현상입니다.

그럼, 여기서 십사만 사천은 누구를 가리킵니까? 물론 '새 이스라엘' 인 예수님의 교회를 뜻합니다. 7:5~8에 이스라엘 각 지파의 수를 나열한 것은 구약성경의 민수기에 나와있는 출애굽한 이스라엘의 각 지파를 계수한 것에서 따온 이미지입니다. 즉, 이 민수기의 이미지로 새로운 이스라엘인 교회를 상징한 것뿐입니다. 계시문학적 코드로써 숫자를 사용한 것이지, 실지 숫자 개념이 아니라는 것은 이제 분명히 알 수 있을 것입니다. '하나님의 선택 또는 하나님의 백성' 을 뜻하는 12라는 수에 '메시아의 왕국' 을 뜻하는 1,000을 곱하고 다시 12를 곱해서 144,000이 나온 것입니다. 하나님께서 택하신 예수 그리스도께 속한 교회를 지칭하는 숫자입니다.

이 교회가 바로 어린 양의 진노를 피하는 유일한 존재라는 것입니다. 고로, 7:1~8은 교회가 주님의 심판 중에도 안전하게 보호받고 있음을 말해주는 장면입니다. 나중에 살펴볼 14:1에도 십사만 사천이 등장하는데, 거기서는 같은 메시지를 다음과 같이 표현만 달리했습니다.

> 또 내가 보니 보라 어린 양이 시온 산에 섰고 그와 함께 십사만 사천이 서 있는데 그들의 이마에는 어린 양의 이름과 그 아버지의 이름을 쓴 것이 있더라

교회가 예수 그리스도와 아버지와 함께 있는 장면입니다. 이미 4장과 5장에서 우리가 살펴보았던 내용입니다. 이것은 요한복음 17장에서 예수님께서 기도하신 내용의 핵심이기도 합니다. 참 교회는 바로 이런 존재입니다. 이 장면을 그 당시 요한과 요한계시록의 수신인인

교회 성도들의 처지에서 볼 수 있어야 합니다. 환란과 핍박 중에서 답답하게 살고 있던 그들에게 얼마나 위로가 되고 격려가 되는 메시지였겠습니까?

예수님의 구속을 통해 승리한 교회

7:9~17의 내용은 7:1~8의 내용을 재차 강조한 것으로써 하늘에서 본 교회의 모습을 그리고 있습니다. 교회가 그저 핍박받고 고통당하기만 하는 존재가 아니고, 하나님께서 보시는 교회의 실상이 무엇인가를 상징적으로 보여줍니다.

셀 수 없는 큰 무리가 "나라와 족속과 백성과 방언" 이렇게 네 종류의 사람들에서 나옵니다. 5:9에 이미 나왔던 표현인데, 역시 여기도 4라는 숫자를 사용해서 교회를 이루는 사람들이 '이 세상 전체'에서 택함 받았다는 것을 암시하고 있습니다. "흰 옷"과 "종려 가지"는 '승리'를 상징합니다. 이것은 출애굽기 12~18장, 레위기 23장, 그리고 느헤미야 8장에 나오는 유월절과 초막절 축제에서 따온 이미지인데, 이 장면은 5장과 유사한 하나님과 예수님께 경배하는 장면입니다.

다만, 여기서는 예수 그리스도의 구속에 의해 승리한 교회라는 사실이 첨가되었습니다. "어린 양의 피에 그 옷을 씻어 희게" 되었기 때문입니다.[7:14] 이것은 5:9~10의 "사람들을 피로 사서 하나님께 드리시고… 그들이 땅에서 왕 노릇 하리로다"와 일치합니다. 그러므로 그들이 찬양하는 내용이 "구원하심…"으로 시작하는 것이 당연합니다.[7:10] 이 찬양에 천사들이 합세하여 화답한 찬양도 5:12에서처럼 7가지를 하나님께 돌립니다.[7:12] 교회를 승리하게 하신 '완전하신' 하나님을 찬양하고 있습니다. 구원이 빈틈없는 하나님의 완벽한 계획에 따라 이루어진 것임을 암시하고 있습니다.

교회의 경험과 현주소

천사들의 찬양에 이어 "장로 중의 하나"가 요한에게 "흰 옷 입은 자들"이 누구인지를 알려줍니다.7:13~14 하나님의 백성인 교회를 대표하는 장로가 알고 있다는 것은 '교회가 경험을 통해서 안다' 는 것을 강조한 표현인 것 같습니다. 어떤 경험입니까? 교회는 "어린 양의 피에 그 옷을 씻어 희게"된 것을 경험하고, 또 "큰 환란"을 경험합니다. 즉, 교회는 예수 그리스도의 구속을 경험하고 또 이 세상에서 십자가를 지고 그리스도를 따르는 삶을 살아감을 말합니다. 이런 경험이 없다면 참 교회라 할 수 없습니다.

이런 교회의 영적인 실상은 무엇이겠습니까? 7:15~17이 교회의 현주소를 알려주고 있습니다. 진정한 교회생활이 무엇인지를 말합니다. 그것은 곧 하나님 아버지와 예수 그리스도와 함께 교제를 누리는 것입니다. 이 교제를 "그들이 하나님의 보좌 앞에 있고 또 그의 성전에서 밤낮 하나님을 섬기매 보좌에 앉으신 이가 그들 위에 장막을 치시리니…"7:15라고 표현했습니다. 여기에 "성전"과 "장막(성막)"의 이미지가 나오는데, 이것은 앞의 12단원에서 살펴본 것처럼 교회가 하나님이 사시는 '거처' 라는 것을 상징하고 있습니다. 사도 바울이 다음과 같이 표현한 것과 같은 맥락입니다.

> 너희는 사도들과 선지자들의 터 위에 세우심을 입은 자라 그리스도 예수께서 친히 모퉁잇돌이 되셨느니라 그의 안에서 건물마다 서로 연결하여 주 안에서 성전이 되어 가고 너희도 성령 안에서 하나님이 거하실 처소가 되기 위하여 그리스도 예수 안에서 함께 지어져 가느니라 _엡 2:20~22

하나님과 예수님과 함께 생명의 교제를 누리는 교회생활을 말해주고 있습니다. 그래서 또 "어린 양이 그들의 목자가 되사 생명수 샘으로 인도하시고…"7:17라고 한 것입니다. 이렇게 교회는 언제나 하나님 아버지와 예수 그리스도와 함께 있는 존재입니다. 이것을 위해 예수님은 다음과 같이 기도하셨습니다.

> 아버지여, 아버지께서 내 안에, 내가 아버지 안에 있는 것 같이 그들도 다 하나가 되어 우리 안에 있게 하사 세상으로 아버지께서 나를 보내신 것을 믿게 하옵소서 내게 주신 영광을 내가 그들에게 주었사오니 이는 우리가 하나가 된 것 같이 그들도 하나가 되게 하려 함이니이다 곧 내가 그들 안에 있고 아버지께서 내 안에 계시어 그들로 온전함을 이루어 하나가 되게 하려 함은 아버지께서 나를 보내신 것과 또 나를 사랑하심 같이 그들도 사랑하신 것을 세상으로 알게 하려 함이로소이다 아버지여 내게 주신 자도 나 있는 곳에 나와 함께 있어 아버지께서 창세 전부터 나를 사랑하시므로 내게 주신 나의 영광을 그들로 보게 하시기를 원하옵나이다 _요17:21~24

교회가 이렇게 하나님 아버지와 예수 그리스도와 함께 있으므로 "그들이 다시는 주리지도 아니하며 목마르지도 아니하고 해나 아무 뜨거운 기운에 상하지도 아니하리니"7:16 라고 한 것입니다. 이것은 이사야 49:10에서 빌려온 것인데, 하나님께서 이스라엘을 바빌론 포로생활에서 해방하실 것을 말씀하신 내용입니다. 이 말씀을 빌려와 생명의 교제를 누리는 교회생활을 상징한 것입니다. 심판 중에도 안전하게 보호받는 교회의 모습입니다. 이것이 바로 6:17의 "누가 능히 서리요"에 대한 대답입니다. 이런 교회생활을 지금 경험하고 있습니까?

21 네 나팔과 네 대접

8:1~2을 보면, 일곱째 인은 일곱 나팔과 겹쳐 있음을 알 수 있습니다. 아마 일곱 나팔의 심판이나 앞에 등장했던 일곱 인의 심판이나 성격이 같다는 것을 암시하기 위해 이렇게 표현한 것 같습니다. 하나님의 심판은 언제나 같기 때문입니다. 일곱 나팔 심판에서도 일곱 인의 심판처럼 처음 네 개는 이 세상에 표면적으로 임하는 심판을, 뒤의 세 개는 영적인 성격의 심판을 묘사하고 있습니다. 물론 나중에 나오는 일곱 대접의 심판도 마찬가지입니다. 다만, 하나님께서 강도를 더해 가시면서 심판하심을 엿볼 수 있습니다.

일곱 나팔 심판의 처음 네 나팔과 일곱 대접 심판의 처음 네 대접을 묘사한 이미지는 주로 출애굽기에 나오는 내용인 '열 가지 재앙'에서 따왔음을 주지할 필요가 있습니다. 즉, 말세에 실지로 벌어질 현상이 아니고 상징적인 메시지를 담는 계시문학 코드입니다.

심판의 심각성

어린 양이 일곱째 인을 떼실 때에 "하늘이 반 시간쯤 고요"했습니다.[8:1] 짧은 적막이 흘렀다는 뜻인데, 뭔가 공기 탁한 일이 벌어질 조짐을 암시하고 있습니다. 요한계시록이 마치 한 편의 드라마처럼 전개되고 있음을 알 수 있습니다. 드라마나 영화에서 음악이나 대사가 나오다가 갑자기 조용해지면, 보통 뭔가 공기 탁한 일이 벌어질 것을 예고하는 것이듯이 여기서도 잠깐 고요해진 것으로써 앞으로 벌어질 하나님의 심판의 심각성을 암시하고 있습니다.

고요한 중에 이런 심각한 심판을 알리는 경고의 나팔소리가 차례로 울리면서 하나님의 심판이 임합니다. 일곱 천사가 일곱 나팔을 받았으므로8:2 이제 곧 무서운 심판이 시작됩니다. 물론 여기서 심판이 순서대로 전개되고 있지만, 실은 이 심판은 연대순이 아닌 역사상 계속해서 임하는 심판입니다. 교회 밖의 세상에 항상 내리는 주님의 심판입니다.

기도의 응답으로 오는 심판

나팔을 불기 전에 "금 향로"가 등장하는데,8:3 이 금 향로는 5:8의 그 금 향로입니다. 금 향로의 향연이 성도들의 기도와 합하여 하나님 앞으로 올라갔다는 것은 하나님의 계획과 교회의 기도가 일치함을 상징합니다.8:3~4 즉, 참 기도는 나의 소원을 성취하고 나의 필요를 만족하게 하고자 하는 것과는 아무런 상관이 없고, 오직 하나님의 목적과 계획에 초점을 두는 것입니다. 하나님의 필요가 충족되는 것이 중요하지, 나의 필요는 채워져도 되고 안 채워져도 됩니다. 따라서 여기서 "성도의 기도"라 함은 내가 작성한 '기도 리스트'가 아니고 하나님께서 하시고자 하시는 일을 구하는 것을 말합니다. 하나님의 목적과 의도에 맞는 기도입니다.

하나님의 마음과 합하는 이런 교회의 기도가 응답받아 심판이 내려옴을 8:5이 묘사하는데, 에스겔 10:2~7에서 따온 '불을 담아서 땅에 쏟는' 이미지로 기도 응답에 의해 심판이 임한다는 것을 그리고 있습니다. 심판이 이 세상에("땅에") 임하므로 "우레, 음성, 번개, 지진" 이렇게 네 가지 현상이 나타났다고 했습니다. 이 네 가지가 "땅, 바다, 강들, 천체"의 네 종류에 쏟아집니다. 이것은 물론 자연세계에 실지로 벌어지는 현상이 아니라 4라는 숫자 코드를 사용한 상징입니다. 하나님의 심판이 온 세상에 임한다는 것을 이렇게 표현한 것입니다.

구약성경에서 따온 이미지

위에서 언급한 것처럼 네 나팔과 네 대접으로 묘사한 심판의 이미지는 구약성경에서 빌려온 것입니다. 대부분 출애굽기에 있는, 하나님께서 모세를 통해 애굽에 내리신 열 가지 재앙에서 따왔습니다. 이것으로 하나님께서 내리시는 심판의 무서움을 상징한 것인데, 그것은 아래와 같습니다.

첫째 나팔 (8:6~7) : 땅에 피 섞인 우박과 불이 쏟아짐 _출9:13~25

둘째 나팔 (8:8~9) : 바다가 피가 됨 _출7:14~25

셋째 나팔 (8:10~11) : 강들과 물 샘이 쓴 물로 변함 _출7:14~25.
여기서 "쓴 쑥"은 렘 9:15과 23:15에서 빌려온 것임

넷째 나팔 (8:12) : 해, 달, 별이 타격을 받아 어두워짐 _출 10:21~23

첫째 대접 (16:2) : 땅에 쏟아짐, 독한 종기 _출9:8~12

둘째 대접 (16:3) : 바다에 쏟아짐, 바다가 피같이 됨 _출7:14~25

셋째 대접 (16:4~7) : 강과 물 근원에 쏟아짐, 강과 물 근원이 피가 됨 _출7:14~25

넷째 대접 (16:8~9) : 해에 쏟아짐, 사람들이 불에 태워짐 _출10:21~23

네 나팔의 경우엔 다 "삼분의 일"이라는 표현을 사용하여 심판이 제한적이고 부분적임을 암시하고 있습니다. 이것은 에스겔 5:2, 12와 스가랴 13:8~9에서 빌려온 표현입니다. 하나님께서 심판 중에도 오래

참으신다는 것을 엿볼 수 있습니다.

쑥과 체르노빌 원전 사고

여기서 잠깐, 참고로 셋째 나팔8:10~11에 관해 짚고 넘어갈 필요가 있습니다. 종말론자 중 여기 등장하는 하늘에서 떨어진 큰 별의 이름이 "쑥"이라는 것에 대해 흥분하며 그럴 듯하게 갖다 붙이는 사람들이 꽤 많이 있기 때문에 설명이 좀 필요하다고 생각됩니다. 여기에 나오는 "쑥(쓴 쑥)"이 우크라이나어로 '체르노빌'인데, 1986년 4월 26일에 구 소련 우크라이나의 체르노빌에 있는 원자력발전소 원자로에서 방사능 누출사고가 발생한 것이 이미 2천 년 전에 요한계시록 8:11에 예언되어 있었다고 믿는 사람들이 있습니다. 성경의 예언이 틀림없이 성취된다는 증거라고 합니다.

여기까지 따라온 독자들은 요한계시록의 내용에 대해 이런 사고를 갖는다는 게 얼마나 황당한 것인지 이제 감이 좀 올 것입니다. 일관성 있게 문자적으로 요한계시록을 보려면 쑥이 우크라이나어로 체르노빌이라는 것에 흥분하기 전에, 하늘에서 강에 떨어진 "큰 별"의 이름이 "쓴 쑥"이라는 것과 그 별이 강들 삼분의 일에 떨어졌고 물의 삼분의 일이 쓴 쑥이 되었다는 것에 대한 설명이 있어야 하는데, 이런 것은 안중에도 없이 그저 갖다 붙이기에 급급합니다. 이런 식의 적용이 잘못된 종말론을 고착시켜버리는 원인 중 하나입니다. 그들의 다섯째와 여섯째 나팔에 대한 희한한 해석을 보면 이것을 더 실감할 수 있을 것입니다.

22
영적 메뚜기의 출현

넷째 나팔과 다섯째 나팔 사이에 공중을 나는 독수리의 짤막한 '광고' 가 등장합니다.[8:13] 앞으로 전개될 남아 있는 세 나팔 심판이 얼마나 무서운가에 대한 경고입니다. "화, 화, 화"가 있을 것을 예고합니다. 독수리는 구약성경에서 여러 가지 상징으로 쓰이지만, 특히 '죽음과 멸망을 알리는 역할' 로 등장할 때가 있는데,[렘48:40~42] 여기서 이런 이미지를 도입한 것 같습니다. 남아 있는 세 나팔 심판 중 첫 번째가 무저갱의 연기 가운데서 나오는 "황충"입니다.[9:1~11] 하나님을 거역한 인간에게 내리는 아주 무서운 심판을 상징하고 있습니다.

하늘에서 떨어진 별과 무저갱에서 올라오는 연기

9:1의 "하늘에서 땅에 떨어진 별"은 "너 아침의 아들 계명성이여 어찌 그리 하늘에서 떨어졌으며…"[사14:12]에서 빌려온 표현입니다. 3인칭 단수인 "그가"라고 표현한 것으로 볼 때 어떤 인격체를 가리키고 있음을 알 수 있습니다. 즉, 누가복음 10:18에서도 예수님께서 언급하신바 "사탄"을 상징합니다.(12:7~9도 참조할 것) 사탄이 "무저갱의 열쇠"를 받았다는 것은 사탄이 "사망과 음부의 열쇠를 가지신"[1:18] 예수님을 흉내 내고 예수님으로 가장해서 나타나는 존재임을 상징합니다.

그런데 여기서 "받았더라"라고 한 표현을 주목해볼 필요가 있습니다. 우선 사탄은 하나님께서 허용하신 안의 범위에서만 활동할 수 있는 제한적인 존재라는 것을 알아야 합니다. 하나님이 능력이 없으셔서 사탄을 방치하신 것이 아니라, 사탄이 하나님의 손안에 있음을 암시합니다. 자기 스스로 능력을 발휘하는 줄 알지만, 실은 제 꾀에 제가 넘어가는 사탄의 모습입니다. 그럼 하나님께서 왜 사탄이 이렇게 하도록 허락하실까요? 하나님을 거역한 이 세상의 인간들을 향한 심판의 도구로 사용하시기 위함입니다. 다섯째 나팔 심판이 이것을 알려주고 있습니다.

사탄이 무저갱을 열자 "큰 화덕의 연기 같은 연기"가 그 속에서 올라왔는데, 이것은 8:4의 '성도의 기도와 함께 하나님 앞으로 올라간 향연'을 풍자한 것입니다. 흉내 내기 좋아하는 사탄을 그린 것입니다. '해와 공기가 그 연기로 어두워졌다는 것'은 사탄이 "공중의 권세 잡은 자"엡2:2라는 암시입니다. 이런 사탄이 하는 일, 즉 하나님께서 사탄에게 허용하신 것을 사도 바울은 다음과 같이 말하고 있습니다.

> 만일 우리의 복음이 가리었으면 망하는 자들에게 가리어진 것이라 그 중에 이 세상의 신이 믿지 아니하는 자들의 마음을 혼미하게 하여 그리스도의 영광의 복음의 광채가 비치지 못하게 함이니 _고후4:3~4

> 악한 자의 나타남은 사탄의 활동을 따라 모든 능력과 표적과 거짓 기적과 불의의 모든 속임으로 멸망하는 자들에게 있으리니 이는 그들이 진리의 사랑을 받지 아니하여 구원함을 받지 못함이라 이러므로 하나님이 미혹의 역사를 그들에게 보내사 거짓 것을 믿게 하심은 진리를 믿지 않고 불의를 좋아하는 모든 자들로 하여금 심판을 받게 하려 하심이라 _살후2:9~12

이 얼마나 무서운 심판입니까?

황충의 등장

연기 가운데서 사탄의 사주를 받은 "황충"이 땅 위로 등장합니다.9:3 황충은 메뚜기의 일종으로써 떼를 지어 파죽지세로 몰려와 농부들이 피땀 흘려 일구어놓은 곡식을 파란 줄기부터 갉아먹어 싹쓸이하는 곤충입니다. 어렸을 때 시골에서 메뚜기를 잡아 볶아 먹곤 했는데, 그 고소한 맛을 지금도 잊을 수 없습니다. 그렇지만, 메뚜기를 소탕하려고 잡은 것이지 꼭 먹으려고 잡은 것은 아닙니다. 메뚜기가 농사를 망치는 원흉이기 때문입니다. 그래서 구약성경에서는 이 메뚜기를 항상 '파괴' 의 상징으로 등장시킵니다. 출애굽기 10:5의 애굽에 내린 재앙 이외에도 신28:38, 42; 사6:3~6; 욜1:2, 2:25, 암7:1 등 구약의 곳곳에서 파괴를 상징하며 하나님의 심판의 상징으로 사용하고 있습니다.

그런데 여기서 황충은 그냥 메뚜기가 아니라 "전갈의 권세와 같은 권세"를 받은 메뚜기입니다. 전갈처럼 '쏘는' 기능을 가진 메뚜기, 즉 쏘지 못하는 실지의 메뚜기가 아닌 '영적 메뚜기' 라는 것입니다. 실지 메뚜기는 "땅의 풀이나 푸른 것이나 각종 수목"을 해치지만 이 영적 메뚜기는 "이마에 하나님의 인침을 받지 아니한 사람들만" 쏘아대는 특별한 메뚜기입니다.9:4 이마에 하나님의 인침을 받은 사람들은 이미 7:3에 등장했었는데(십사만 사천), 이 영적 메뚜기들은 그들은 쏘지 않고 인침을 받지 않은 사람들만 골라서 해친다고 했습니다. 즉, 이 황충은 교회에는 영향을 미치지 못하고 교회 밖의 땅의 사람들에게만 위력을 떨칩니다. 이미 앞에서 교회는 안전하게 보호받고 있음을 강조했으므로, 여기서 교회 밖의 이 세상 사람들이 무엇 때문에 시달리는가를 표현한 것입니다. 이게 곧 하나님의 심판입니다.

황충의 정체

그럼 사탄의 조종을 받아 참 교회 밖의 사람들을 괴롭히는 이 황충의 정체는 과연 무엇일까요? 그들을 죽이지는 못하고 다섯 달 동안 전갈처럼 쏘아대며 괴롭게만 하는9:5 이 영적 메뚜기가 무엇을 상징할까요? 실지 메뚜기는 봄부터 가을까지 다섯 달 동안 활동합니다. 이렇게 제한된 기간에 농작물을 망치는데, 이 영적 메뚜기도 제한적으로 이 세상 사람들을 괴롭힙니다. 죽지는 못하게 제한시켜서 죽고 싶어도 못 죽는 신세가 되게,9:6 즉 극심한 고통 속에 몸부림치게 하는 아주 고약한 영적인 어떤 것을 상징하고 있습니다. 하나님을 거역한 사람들을 '죽지 못해 사는 인생' 으로 만들어버리는 이 심판의 실체는 과연 무엇일까요?

이것은 인간을 파멸시키는 원인이 되는, 인간의 죄를 위시한 내적 두려움과 공포라고 할 수 있습니다. 사탄이 이것들을 사용하여 사람들을 끊임없이 괴롭혀서 '차라리 죽는 게 낫다' 라는 생각을 하게 합니다. 평생 내면세계에 고통을 안고 불안하게 살도록 하는, 이렇게 사탄이 사람들을 갖고 노는 수단을 여기서 황충으로 묘사한 것 같습니다. 에덴동산에서 하나님을 불순종해서 파생된 죄의 결과로 생긴 것들, 즉 비교, 경쟁, 시기, 질투, 열등감, 좌절감, 상처, 한, 원한, 미움, 불안 표현만 다를 뿐, 앞에 나온 일곱 인 중 여섯째 인 심판과 같다고 볼 수 있습니다. 하나님 보실 때 죽은 자인 이 땅의 인간들을 마구 쏘는 죄의 위력입니다. 그래서 사도 바울이 "사망이 쏘는 것은 죄요"고전15:56라고 했는지도 모릅니다.

황충의 무시무시한 모습

9:7~11에 묘사된 황충의 모습을 기발하게 해석하는 사람들이 있습

니다. 핼 린지 같은 사람은 마지막 때의 전쟁에 등장할 무기들을 요한이 환상 가운데 보고 그렇게 표현했다고 합니다. 핼 린지가 TV 인터뷰에서 "요한이 2천 년 후에나 나타날 아파치 헬리콥터를 알 길이 없었으므로 자기식으로 묘사했다"라고 말하는 것을 들은 적이 있습니다. 여기서 "금 같은 관 비슷한 것"은 헬리콥터 조종사가 쓴 헬멧을, "날개들의 소리"는 헬리콥터의 프로펠러 돌아가는 소리를, "전갈과 같은 꼬리와 쏘는 살"은 헬리콥터 밖으로 나온 기관총에서 총알이 쏟아져 나오는 것을 말한다고 합니다. 그럴 듯하고 흥미롭기는 하겠지만, 이것은 계시문학 코드를 무시한 황당한 해석입니다.

위에서 이미 살펴본 대로 황충은 죄와 죄의 결과로 온 인간의 내면세계의 고통을 의미하므로, 9:7~11은 그런 고통을 일으키는 가공스런 모습을 상징적으로 표현한 것입니다. 하나님이 내리시는 심판의 무서움을 그렇게 묘사했습니다. 황충을 "전쟁을 위하여 준비한 말들"로 그린 것은 "파괴력"을 강조한 계시문학적 표현입니다. 이것은 구약성경의 요엘1:6~7과 2:4~5에서 빌려온 것으로써 구약시대에 말을 타고 쳐들어와서 승승장구하는 이방인 군대처럼 이 세상의 인간들을 지배하고 압도하는 죄의 파괴력을 나타낸 것입니다. 그래서 흉측한 이미지로 그 죄가 하나님을 떠난 인간들의 내면에 얼마나 큰 고통을 주고 소용돌이를 일으키는지를 묘사했습니다. 이것이 바로 하나님의 심판입니다.

이 황충이 영적인 존재라는 것을 9:11이 말해줍니다. 실지 메뚜기는 왕이 없습니다. 우두머리 없이 그냥 떼로 이리저리 몰려다니며 쑥밭을 만드는 게 실지 메뚜기이지만, 여기 황충은 왕이 있습니다. 바로 "무저갱의 사자" 인 사탄입니다. 히브리어의 "아바돈"과 헬라어의 "아볼루온"은 다 '파괴' 라는 뜻인데, 사탄의 조종을 받는 죄가 인생들을 죽지 못해 살도록 삶을 파괴하는 것, 인간의 내면세계에 말할 수 없는 고통을 주는 것, 이것이 하나님의 심판이라는 것입니다.

하나님의 인침을 받은 사람들은?

하나님의 심판 대상 곧 황충의 공격 대상은 하나님의 인침을 받지 않은 사람들입니다. 왜 그렇습니까? 앞에서 살펴본 바와 같이 하나님의 인침을 받은 참 교회는 이미 예수님의 피로 씻음 받았으므로 죄의 무차별 공격으로부터 보호받습니다. 교회는 십자가에서 이미 죽고 부활한 생명으로 이루어지므로 죄로부터 해방되어 자유로운 존재입니다. 그러므로 교회 안에는 예수 그리스도께서 주시는 참 평안과 안식이 있습니다. 옛사람의 잔재로 말미암아, 또는 연약함 때문에 죄를 짓기도 하고 불안해할 수도 있지만, 언제나 하나님의 눈으로 십자가를 볼 때 거기서 모든 것이 다 끝났음을 알고 다시 일어나는 것이 참 교회의 경험입니다. 따라서 교회로 살면 죄와 내면세계를 어지럽히는 두려움과 공포에서 해방됩니다. 하나님의 심판과 상관없기 때문입니다.

23
죽음의 가공할 위력

여섯째 나팔의 심판도 다섯째 나팔 버금가는 무서운 심판을 상징하고 있습니다.[9:13~21] 이 심판이 "하나님 앞 금 제단 네 뿔에서" 나는 음성으로 시작하는 것을 볼 때 8:3~4에 등장했던 성도들의 기도가 응답하는 것을 암시하는 것 같습니다. 또 하나님께서 참으셨다가 심판하심을 천사들이 결박당했다가 풀려나는 것으로 암시하고 있습니다. 천사들이 "년 월 일 시에 이르러" 심판을 가한다는 것은 이것이 철저히 하나님의 주도하에 하나님의 시간에 벌어진다는 것을 강조한 말입니다.

유브라데의 의미

"큰 강 유브라데에 결박한 네 천사"가 풀려나서 사람 삼분의 일을 죽이는 마병대로 바뀌는 장면이 나오는데, 여기서 마병대 "이만 만"은 무엇을 상징하는 것일까요? "이만 만"은 '2억' 이니까, 동쪽에서 유브라데 강을 건너올 군대가 2억 명이 되는 나라는 중국밖에 없으므로 마지막 때의 전쟁에 중국군이 개입할 것이라고 믿는 사람들이 꽤 있습니다. 만약 그렇다면, 핍박받고 있던 1세기 교회 성도들에게 중국군이 무슨 상관입니까? 그 당시의 계시문학을 절대 이런 식으로 해석해서는 안 됩니다.

유브라데(오늘날의 이라크에 있는 유프라테스 강)는 구약시대에 이스라엘의 동쪽 최전방 방어선이었습니다. 앗수르, 바빌론, 페르시아로 이어지는 강대국들이 수시로 유브라데 강을 건너 와서 이스라엘을 쑥밭으로 만들었습니다. 구약성경에 보면, 하나님께서 불순종한 이스라엘을 심판하시기 위해 적국들로 하여금 이스라엘을 쳐들어오게 하셨다고 되어 있습니다. 그들의 공격 루트가 유브라데 강을 건너오는 것이었으므로 유대인들에게 있어 유브라데는 심판의 상징이었습니다. 또한, 유브라데 강은 1세기 때 로마제국과 파르티아제국의 국경선이었습니다. 막강한 파르티아 군대가 심심하면 유브라데 강을 건너와서 로마제국의 동방을 괴롭혔습니다. 6:2에서 살펴보았듯이 로마군대는 파르티아 군대의 기병대가 말을 타고 정확하게 화살을 쏘아대는 통에 속수무책으로 당하곤 했습니다.

그러므로 여기서 유브라데 라는 것은 이런 역사적 배경을 사용해서 하나님의 심판을 그리는 상징입니다. 저 중동 이라크의 유브라데를 말하는 것이 아닙니다. 무섭게 쳐들어오는 구약의 강대국 군대와 파르티아 군대 이미지로 심판의 무서움을 표현하고 있습니다.

마병대의 흉측한 모습

마병대의 수가 "이만 만(2억)"이라고 한 것은 벌떼처럼 쳐들어오는 적국 군대에서 빌려온 그림일 뿐, 그 숫자의 의미는 없습니다. 만일 이것이 중국 군대라고 하면, 우선 그 중국 군대가 유브라데 강에 결박되었던 네 천사라는 것이 설명이 안 되고, 현대 전쟁에서 2억 필의 말을 탄 2억 명의 군사들이 중국에서 이스라엘까지 쳐들어온다는 것도 말도 안 되고, 또 말들의 입에서 불과 연기와 유황이 나오는 것은 더욱 현실성이 없습니다. '아, 그거요? 요한이 탱크를 본 적이 없어서 말이라고 표현한 것입니다. 탱크의 대포에서 포탄이 발사되는 것을 요한이 불과 연기와 유황이 나온다고 한 것입니다. 또 꼬리에 머리가 있다는 것도 탱크에서 기관총 사격을 하는 것을 말합니다' 이렇게 주장하는 사람이 있지만, 계시문학에 무지하므로 우스꽝스러운 해석을 하는 것입니다.

마병대의 모습은 바로 위의 황충의 모습과 유사한 흉측한 모습입니다. 여기서 불과 연기와 유황은 구약성경에서 종종 심판의 상징으로 사용되었습니다.창19:24, 28; 신29:23; 삼하22:9; 사34:9~10; 겔38:22 즉, 마병대의 역할이 심판이라는 것을 보여주기 위해 이렇게 묘사한 것 같습니다. 흉측한 모습으로 마병대의 파괴력을 그리고 있습니다.

마병대가 상징하는 것

황충은 하나님을 거역한 인간의 죄와 그 결과로 온 내적 고통을 상징하는데, 마병대는 무엇을 상징할까요? 시도 때도 없이 찾아오는 죽음의 공포를 말하는 것 같습니다. 마귀가 사용하는 최대의 무기 중 하나인 죽음의 공포 앞에 인간들은 속수무책으로 당하고 맙니다. 죽음에서 자유로운 사람은 하나도 없으므로, 마귀는 이 죽음의 공포를 이용해 인간을 좌지우지합니다. 이 세상 모든 일이 죽음과 직결되어 있기 때문입니다. 히브리서 기자가 다음과 같이 말한 것을 보면 죽음의 심각성을 알 수 있습니다.

> 자녀들은 혈과 육에 속하였으매 그도 또한 같은 모양으로 혈과 육을 함께 지니심은 죽음을 통하여 죽음의 세력을 잡은 자 곧 마귀를 멸하시며 또 죽기를 무서워하므로 한평생 매여 종 노릇 하는 모든 자들을 놓아 주려 하심이니 _히2:14~15

죽음이 있기 때문에 인간은 평생 한 번 대단하게 살아보려고 발버둥

치고, 죽음이 있기 때문에 종교를 만들고, 죽음이 있기 때문에 죽은 후의 극락이나 천국에 가려고 애씁니다. 따지고 보면, 이것이 다 죽음의 권세를 휘두르는 마귀의 장난에 놀아나는 것입니다. 죽음을 들이대면 인간은 누구나 꼼짝 못합니다.

그런데 이렇게 마귀가 사용하는 죽음이 실은 하나님의 심판이라는 사실을 알아야 합니다. 하나님을 거역한 인간에게 내리신 심판입니다. 따라서 교회는 심판의 영역 밖에 있으므로 더는 죽음의 공포에 시달릴 필요가 없습니다. 부활이요 생명이신 예수님께서 우리를 해방하셨기 때문입니다. 영원한 하나님의 생명을 갖고 이 땅에서부터 하나님과 함께 사는 존재가 되었기 때문입니다. 위의 히브리서 2:14~15이 바로 이것을 말씀하고 있습니다.

마병대가 죽인 사람들의 수가 "삼분의 일"이라고 했습니다. 일곱 나팔 심판은 항상 삼분의 일의 심판 곧 제한적인 심판을 보여주고 있습니다. 하나님께서 참으신다는 뜻입니다. 문제는 이런 심판을 보면서도 인간들이 회개하지 않는다는 점입니다.9:20~21 출애굽기에 나오는, 무서운 재앙이 계속 닥쳐도 회개하지 않는 애굽의 바로처럼 말입니다. 내적 고통에도, 죽음의 공포에도 인간들이 하나님께 돌아오지 않음을 말해주고 있습니다. 그러므로 회개하고 하나님께 돌아와 교회 안에서 하나님과 생명의 교제를 하고 있다는 것은 실로 기적이 아닐 수 없습니다. 요한계시록의 독자들이 요한계시록을 읽으면서 얼마나 감격했겠습니까?

24
신비의 두루마리

앞의 일곱 인 심판 중 여섯째 인과 일곱째 인 심판 사이에 교회의 현주소를 알려주고자 삽입된 얘기가 있었는데, 여섯째 나팔과 일곱째 나팔 심판 사이에는 '교회의 역할과 사명'에 관한 얘기가 삽입되어 있습니다. 무서운 심판이 임하는 동안 교회는 안전하게 보호받을 뿐만 아니라, 또한 주님으로부터 받은 수행해야 할 사명이 있다는 것을 알려주는 것입니다. 10:1~11:13이 이것에 대해 설명하고 있습니다.

하늘에서 내려오는 다른 천사

이 부분은 일곱 나팔을 부는 천사들 말고 다른 천사가 작은 두루마리를 손에 들고 '하늘에서 내려오는' 장면으로 시작됩니다.[10:1~2] 하늘에서 내려오는 것은 9:1의 "하늘에서 땅에 떨어진" 사탄과 대조되는 모습입니다. 즉, 사탄은 내쫓긴 존재이고 천사는 하나님의 사명을 가지고 내려온다는 것입니다. 천사가 "오른 발은 바다를 밟고 왼 발은 땅을 밟고" 섰다는 것은[10:2, 5] 그가 수행할 사명이 부분적으로 적용될 것이 아닌 온 세상 전체에 해당하는 것임을 암시합니다.

이 천사는 "구름을 입고" 내려옵니다. 1:7의 구름을 타고 오시는 예수님과 흡사한 영광스러운 모습입니다. "얼굴은 해 같고 그 발은 불기둥 같으며"라고 한 것도 1:16과 1:15의 예수님의 모습과 흡사합니다. "머리 위에 무지개"가 있다는 것은 4:3의 하나님 보좌를 두른 무지개를 연상케 합니다. 이 천사가 할 일이 약속을 꼭 지키시는 하나님을 드러내는 것임을 암시합니다. 천사가 "사자가 부르짖는 것 같이" 큰 소리로 외치는데,10:3 이것은 구약성경에서 하나님의 안타까움과 간절함을 상징하는 말입니다.호11:10; 암3:8; 렘25:30 이런 천사의 모습을 통해 알 수 있는 것은 이 천사가 하나님과 예수 그리스도를 대신해서 무언가를 할 것이라는 사실입니다.

비밀이란 무엇인가?

이 천사가 손에 작은 두루마리를 들고 나타납니다.10:2 두루마리는 5:1에도 등장했었는데, 그때는 일곱 인으로 봉했었고 지금은 책을 펴놓은 상태입니다. 이미 어린 양 예수님께서 일곱 인을 다 떼셨기 때문에 이제 책이 열려 있는 것입니다. 그 내용이 지금까지는 비밀이었지만 더는 비밀이 아니라는 뜻입니다. 그러므로 일곱째 천사가 나팔을 불 때 "하나님의 그 비밀"이 이루어지게 됩니다.10:7

"비밀mystery"이라는 말은 다니엘 2장을 배경으로 한 말입니다. 거기에 이 단어가 모두 7번이나 등장합니다(개역성경에는 "은밀한 것"으로 번역되어 있음 – 단 2:18, 19, 27, 28, 29, 30, 47). 사도 바울도 이 단어를 즐겨 사용했는데, 우리는 이 하나님의 비밀이 무엇인지 10:7과 로마서 16:25~27에서 사도 바울이 말한 것을 비교해보면 금방 알 수 있습니다.

> 하나님이 그의 종 선지자들에게 전하신 복음과 같이 하나님의 그 비밀이 이루어지리라 _계10:7

> 나의 복음과 예수 그리스도를 전파함은 영세 전부터 감추어졌다가 이제

는 나타내신 바 되었으며 영원하신 하나님의 명을 따라 선지자들의 글로 말미암아 모든 민족이 믿어 순종하게 하시려고 알게 하신 바 그 신비(비밀)의 계시를 따라 된 것이니 이 복음으로 너희를 능히 견고하게 하실 지혜로우신 하나님께 예수 그리스도로 말미암아 영광이 세세무궁하도록 있을지어다 _롬16:25~27

"비밀"은 "복음"을 말합니다. 이 세상이 창조되기 전에 하나님께서 계획하셨던 목적이 그동안 감춰져 있었는데, 예수 그리스도의 십자가와 부활 이후 교회가 세워짐으로 말미암아 복음으로 드러났다는 것입니다. 그래서 사도 바울은 이 복음을 다음과 같이 설명했습니다.

너희를 위하여 내게 주신 하나님의 그 은혜의 경륜을 너희가 들었을 터이라 곧 계시로 내게 비밀을 알게 하신 것은 내가 먼저 간단히 기록함과 같으니 그것을 읽으면 내가 그리스도의 비밀을 깨달은 것을 너희가 알 수 있으리라 이제 그의 거룩한 사도들과 선지자들에게 성령으로 나타내신 것 같이 다른 세대에서는 사람의 아들들에게 알리지 아니하셨으니 이는 이방인들이 복음으로 말미암아 그리스도 예수 안에서 함께 상속자가 되고 함께 지체가 되고 함께 약속에 참여하는 자가 됨이라…영원부터 만물을 창조하신 하나님 속에 감추어졌던 비밀의 경륜이 어떠한 것을 드러내게 하려 하심이라 이는 이제 교회로 말미암아 하늘에 있는 통치자들과 권세들에게 하나님의 각종 지혜를 알게 하려 하심이니 곧 영원부터 우리 주 그리스도 예수 안에서 예정하신 뜻대로 하신 것이라 _엡3:2~11

그러므로 10:7은 하나님께서 정하신 '영원한 목적'이 교회를 통해 드러난 사실에 대해 말하는 것입니다. 이것이 하나님께서 이 세계를 창조하신 이유이므로 만물을 창조하신 하나님을 가리켜 맹세한다는 표현을 쓰고 있습니다.10:6 꼭 이루어져야 함을 강조한 것인데, 일곱째 나팔이 울릴 때 다 이루어진다는 것은, 계시문학적 표현을 사용해서 이미 교회를 통해 이 목적이 이루어졌음을 말하고자 함입니다. 교회가 바로 하나님의 비밀이 드러난 존재요, 하나님의 목적 그 자체라는 말입니다.

달고 쓴 두루마리

10:8~11은 지금까지 하나님의 대하드라마의 관객이었던 요한이 이 드라마에 직접 참여하는 장면입니다. 천사가 요한에게 두루마리를 먹으라고 한 것인데, 이것은 하나님의 비밀인 복음이 요한에게 확실히 경험되어야 함을 상징합니다. 즉, 복음과 복음을 전할 일꾼이 하나가 되어야 함을 '먹는 것' 으로 표현한 것입니다. 요한복음에서 예수님이 '나를 먹어야 영생을 얻는다' 라는 식의 표현을 종종 쓰신 것도 이런 맥락일 것입니다.

요한이 두루마리를 먹었을 때, 천사가 말한 것과 같이 입에는 달고 배에는 쓰게 되었습니다. 이것은 에스겔 2:8~3:3에 나오는 표현을 인용해 사용한 것인데, 메시지의 내용이 구원과 심판을 다 담고 있음을 상징한 것입니다. 복음의 양면성을 뜻합니다. 하나님의 말씀이 꿀보다 더 달다는 시편 기자의 말처럼시119:103 영혼을 소생시키는 힘도 있지만, 아울러 말씀대로 하지 않았을 때 하나님의 심판이 있음을 말하고자 함입니다. 복음을 전하는 일꾼이 싫으나 좋으나 이런 역할을 할 수밖에 없음을 사도 바울은 다음과 같이 말하고 있습니다.

> 우리는 구원 받는 자들에게나 망하는 자들에게나 하나님 앞에서 그리스도의 향기니 이 사람에게는 사망으로부터 사망에 이르는 냄새요 저 사람에게는 생명으로부터 생명에 이르는 냄새라 누가 이 일을 감당하리요 우리는 수많은 사람들처럼 하나님의 말씀을 혼잡하게 하지 아니하고 곧 순전함으로 하나님께 받은 것 같이 하나님 앞에서와 그리스도 안에서 말하노라 _고후2:15~17

천사는 요한에게 바로 이런 역할을 감당하라고 주문했습니다.10:11 여기서도 역시 4라는 숫자를 사용하여 네 종류의 사람들에게 복음을 전파하라고 합니다. 하나님의 비밀인 복음이 이 세상 모든 사람에게 전해져야 할 것을 말하고 있습니다. 이것이 곧 교회가 이 땅에 존재하며 감당해야 하는 역할입니다.

25
세상에 있는 참 교회

이 땅에 교회가 존재하는 것은 하나님의 목적을 드러내기 위함인데, 11:1~13이 바로 그 교회의 역할을 설명하고 있습니다.

참 교회와 아닌 것을 구별하라

요한계시록이 기록되었을 당시는 예루살렘성전이 AD 70년에 로마 군대에 의해 완전히 파괴된 지 20년이 넘었을 때입니다. 따라서 11:1~2에 등장하는 "성전"은 예루살렘성전을 말하는 것이 아니라 뭔가를 상징하는 계시문학적 표현임을 알아야 합니다. 그것은 에베소서 2:21~22이 설명하는 "성전"인 "교회"를 지칭합니다. 이 교회에 관한 것을 에스겔 40~43장과 스가랴 2:1~5에 나오는 '성전 측량'의 이미지를 빌려와서 설명하고 있습니다.

이전의 예루살렘성전 안에는 유대인만 들어올 수 있었고 이방인은 성전 밖 마당인 이방인의 뜰까지만 올 수 있었습니다. 성전 안과 이방인의 뜰 사이에는 둘 사이를 막아놓은 높은 담이 있어 그 둘을 구별했습니다. 이런 이미지로 11:1~2은 참 하나님의 사람들과 그렇지 않은 사람들을 구별하고 있습니다. 참 이스라엘을 구별하라, 즉 참 교회를 구별하라는 것입니다. 참 교회만이 하나님의 보호를 받기 때문입니다.

그래서 성전 밖 마당은 측량하지 말고 그냥 두라고 합니다. 그것은 이방인에게 속했기 때문입니다. 겉만 교인이지 실지로는 세상에 속했다는 뜻입니다. 그들은 이방인이 거룩한 성을 짓밟을 때, 즉 이 세상이 교회를 핍박할 때 나가떨어지고 맙니다. 이 세상에 의해 좌지우지되기 때문입니다. 그러나 참 교회에 속한 사람들은 그런 핍박에 끄떡도 하지 않습니다. 이런 참 교회에 속한 사람들을 그렇지 않은 이름뿐인 기독교인들과 구별하라는 것입니다.

"마흔 두 달"은 '알 수 없는 기간' 을 뜻하는 계시문학의 코드입니다. 완전수인 7의 절반에 해당하는 숫자인 3과 2분의 1을 말하는데, 이것을 요한계시록에서 "마흔두 달", "삼 년 반", "천이백육십 일", 때로는 "한 때와 두 때와 반 때" 등으로 표현하고 있습니다. 다 같은 뜻으로써 '교회가 이 세상에 있는 기간' 을 상징합니다. 이것 둘을 더해서 성경 어디에도 없는 소위 '7년 대환란' 이 닥칠 것을 말하는 종말론자들이 있는데, 이것은 요한계시록의 코드를 이해하지 못한 데서 비롯된 것입니다. 3과 2분의 1은 단순히 '교회가 이 세상에 있는 알 수 없는 기간' 을 뜻하는데, 여기서 이 기간에 참 교회는 교회 밖의 세상에 의해 핍박당하게 된다는 것을 말하고 있습니다.

이 세상에서의 교회의 역할

11:3~13은 "두 증인"이라는 상징적 표현으로 교회의 역할을 설명하고 있습니다. 2라는 숫자는 '합심', '배가된 힘', '공동체' 등을 뜻하는 숫자 코드입니다. 즉, 교회가 공동체로서 힘을 합하여 이 땅에서 그리스도를 증거하는 사명을 가리킵니다. 예수님께서 제자들을 보내실 때 둘씩 짝 지워 보내신 것도 합심의 효과 때문일 것입니다.

위에서 살펴본 "천이백육십 일" 동안(교회가 세상에 있는 기간) 교회가 복음을 증거하는데, "굵은 베옷"을 입었다고 했습니다. 굵은 베옷은 '슬픔, 애통'을 상징합니다. 교회가 이 땅에서 환란과 고통 속에 사명을 감당한다는 것입니다. 참 교회로 살아가는 것이 결코 신선놀음이 아님을 말하고 있습니다. 곳곳에 환란과 고통이 도사리고 있습니다.

이 두 증인인 교회를 "두 감람나무와 두 촛대"라고 했는데,11:4 이것은 스가랴 4:2~14에서 빌려온 이미지입니다. 거기서는 바빌론 포로생활에서 돌아온 후 어려운 상황 중에 성전을 짓고 백성을 인도했던 두 명의 지도자인 스룹바벨과 여호수아의 합심을 가리켰는데, 여기서 이렇게 그들처럼 하나가 되어 사명을 감당하는 공동체로서의 교회를 그리고 있습니다.

교회가 공동체로서 능력 있는 복음을 증거하는 것을 '입에서 불이 나오는' 예레미야 5:14의 이미지로 표현했고,11:5 또 비를 오지 못하게 했던 엘리야와 물이 피가 되게 한 모세의 행적을 코드로 사용해서 설명하고 있습니다.11:6 복음을 받아들이지 않는 자들에게 심판이 있음을 상징하고 있습니다. 즉, 교회의 존재가 이 세상 사람들에게는 심판의 메시지 그 자체라는 것입니다. 앞으로 닥칠 7년 환란 때 모세와 엘리야가 다시 나타나 능력으로 복음을 전할 것이라고 믿는 순진한 사람들이 있는데, 계시문학 코드를 모르고 실지 벌어질 현상으로 알기 때문입니다. 이것은 그리스도의 몸인 교회가 하나가 되어 복음 전한다는 것을 상징적으로 그린 것임을 알아야 합니다.

이 땅에 있는 교회의 운명

교회는 이렇게 능력으로 이 세상을 향하여 복음을 증거하지만, 동시에 이 세상으로부터 모진 핍박을 당하게 됩니다. "무저갱으로부터 올라오는 짐승" 곧 사탄의 조종을 받은 세력에 의해 교회가 패배하는 것처럼 보이기도 합니다.11:7 이것은 곧 교회가 예수 그리스도와 한 운명임을 말하고 있습니다. "소돔" 또는 "애굽"으로 상징된 이 타락한 세상에 의해 예수님께서 십자가에 못박히셨기 때문에,11:8 예수님께 속한 교회 역시 이 세상으로부터 똑같은 고통을 당할 수밖에 없습니다. 머리와 몸이 하나이듯 예수 그리스도와 교회는 언제나 한 운명입니다. 예수님의 십자가는 곧 교회가 겪어야 할 십자가입니다.

4 부류로 대표되는 이 세상 모든 곳에서 교회는 세상 사람들에 의해 괴롭힘을 당하는데, 그 기간은 "사흘 반" 곧 3과 2분의 1입니다. 다만, 여기서는 '삼 년 반'이라고 하지 않고 "사흘 반"이라는 표현으로 그 기간이 짧다는 것을 암시하고 있습니다. 교회가 아주 짧은 기간만 수치를 당한다는 것입니다. 곧 교회가 다시 일어나기 때문입니다.11:11

이 세상이 교회를 핍박하는 이유는 교회가 복음으로 세상을 괴롭게 했기 때문입니다.11:10 "땅에 사는 자들"은 "하늘에 사는 자들"인 교회의 반대되는 말인데, 이들이 교회가 환란을 당할 때 기뻐합니다. 복음은 철저하게 하늘의 이야기이므로 땅의 사람들은 그것을 받아들이지 못할 뿐 아니라 그것을 반대할 수밖에 없으므로 교회를 핍박하게 됩니다. 오늘날 교회들이 이 땅의 사람들로부터 핍박은커녕 호응을 얻는 경우가 있는데, 이것은 하늘의 이야기가 아닌 이 "땅에 사는 자들"의 구미에 맞는 메시지를 주기 때문일 것입니다. 하늘의 복음을 선포하면 이 세상 사람들이 좋아할 리가 없습니다. 참 교회는 이 세상과 짝할 수 없습니다.

이렇게 핍박을 당한 교회가 풍비박산 나는 것 같지만 참 교회라면 언제나 다시 일어나게 됩니다.11:11~12 그 안에 하나님의 "생기" 곧 생명력이 있기 때문입니다. 여기서 "생기"는 에스겔 37:1~10에서 따온 이미지입니다. 교회는 부활하신 예수님의 능력을 소유하고 있으므로 다시 일어나고 또 일어납니다. “구름을 타고 하늘로 올라가니”, 즉 승천하신 예수님과 함께 영광 중에 하늘에 있는 존재가 바로 교회임을 말하고 있습니다.

지난 2천 년 동안, 이 세상과 타협하지 않고 순수한 교회를 이루고자 애썼던 그리스도인들이 이 세상 사람들과 세상에 물든 기득권 기독교로부터 무서운 핍박을 받고 사라지곤 했는데, 놀라운 것은 소생하고 또 소생해서 오늘까지 참 교회가 이어지고 있습니다. 그 안에 예수 그리스도의 부활 생명이 있기 때문입니다. 예수님과 함께 이미 하늘에 있기 때문에 이 땅의 세력이 이길 수 없습니다.

이렇게 교회는 예수님의 고난과도 한 운명이고, 예수님의 부활과 승천과도 한 운명인 존재입니다. 이것이 교회로 살아가는 그리스도인들의 현주소입니다. 요한계시록의 독자들에게 이것이 얼마나 큰 위로와 격려가 되었겠습니까? 또한, 오늘날 참 교회로 살아가려고 발버둥치는 우리에게도 이것은 마찬가지일 것입니다.

26 하나님의 눈에 보이는 것

11:14에서 "셋째 화"가 이른다고 했는데, 정작 11:15~19의 내용을 볼 때 일곱째 나팔에는 화는 커녕 심판의 그림자도 보이지 않습니다. 오히려 일곱째 나팔이 불자 이 세상은 온데간데없고 장엄한 찬양이 울려 퍼지는 가운데 하나님께 경배하는 장면만 등장합니다. 무서운 심판을 예상했는데 어째서 정반대의 장면이 펼쳐질까요?

하나님의 눈에 보이는 것은?

그 이유는 하나님의 눈에는 오직 그리스도의 나라만 보이기 때문입니다. 이 세상은 이미 심판을 받아 사라졌고 하나님의 목적이 이루어지는 그 나라, 예수 그리스도께서 왕으로 다스리시는 나라만 보입니다. 하나님을 거역하고 타락한 이 세상 나라는 십자가에서 끝장나고 없어졌기 때문입니다. 이것이 하늘에서 울려 퍼지는 큰 음성들이 찬양하는 내용입니다.11:15

이것이 무서운 심판이 아니고 무엇이겠습니까? 하나님과 관계없는 이 세상은 아예 하나님의 눈에 보이지도 않는 것, 이것이 일곱째 나팔 심판이 말하고자 하는 것 같습니다. 따라서 참 교회로 살아가는 우리도 이렇게 하나님과 똑같은 눈으로 보는 것이 신앙생활입니다. 십자가에서 모든 것이 끝장났음을 선포하며 사는 것입니다. 그래서 사도 바울은 다음과 같이 말했습니다.

그러나 내게는 우리 주 예수 그리스도의 십자가 외에 결코 자랑할 것이 없으니 그리스도로 말미암아 세상이 나를 대하여 십자가에 못 박히고 내가 또한 세상을 대하여 그러하니라 _갈6:14

교회의 화답

그러므로 하늘의 큰 음성들에 대한 화답으로 이십사 장로들로 대표되는 교회가 하나님을 경배하며 찬양하고 있습니다.11:16~18 장로들도 하나님 앞의 자기 보좌에 앉아서, 즉 하나님과 같은 위치에서 하나님과 똑 같은 눈으로 모든 것을 보고 있기 때문입니다. 이것이 바로 사도 바울이 말한바 하나님께서 교회를 "함께 일으키사 그리스도 예수 안에서 함께 하늘에 앉히시니"라고 한 의미입니다.엡2:6

교회가 화답하는 내용은 시편 2편에서 따온 것입니다. 이 세상의 군왕들이 아무리 까불어도 하나님께서 통치하고 계신다는 교회의 확신입니다. 그런데 하늘의 큰 음성들에서는 그리스도께서 왕 노릇 하신다고 했고 교회가 화답하는 내용엔 하나님께서 왕 노릇 하신다고 했는데, 이것에 대해서는 자세히 설명할 필요가 없을 것입니다. 이것과 함께 이십사 장로들이 하나님 앞의 보좌에 앉아있다는 것에서 우리는 하나님의 목적이 무엇인지를 엿볼 수 있기 때문입니다. 요한계시록 전체에서 이것이 어떻게 표현되고 있는지를 보면 알 수 있습니다.

그들로 우리 하나님 앞에서 나라와 제사장들을 삼으셨으니 그들이 땅에서 왕 노릇 하리로다 _5:10

일곱째 천사가 나팔을 불매 하늘에 큰 음성들이 나서 이르되 세상 나라가 우리 주와 그의 그리스도의 나라가 되어 그가 세세토록 왕 노릇 하

시리로다 _11:15

옛적에도 계셨고 지금도 계신 주 하나님 곧 전능하신 이여 친히 큰 권능을 잡으시고 왕 노릇 하시도다 _11:17

할렐루야 주 우리 하나님 곧 전능하신 이가 통치하시도다 _19:6

그들이 하나님과 그리스도의 제사장이 되어 천 년 동안 그리스도와 더불어 왕 노릇 하리라 _20:6

다시 밤이 없겠고 등불과 햇빛이 쓸 데 없으니 이는 주 하나님이 그들에게 비치심이라 그들이 세세토록 왕 노릇 하리로다 _22:5

보셨습니까? 하나님과 예수님과 교회가 다 함께 왕 노릇하며 다스리는 것, 이것이 바로 하나님의 목적입니다. 하나님의 통치 범위가 예수 그리스도로, 그다음 교회로 넓어지는 것, 다르게 표현하면 하나님의 생명이 넓어져서 교회를 이루는 것을 말합니다. 우리는 이것을 위해 이 땅에 존재하는 것이지 다른 존재 이유는 없습니다. 이것을 알아야 복음을 깨달았다고 할 수 있습니다. 나의 필요가 아닌, 하나님의 필요를 위해 사는 것이 교회생활이요 신앙생활이라는 말입니다.

하늘 성전의 언약궤

교회의 화답이 끝나고 하늘에 있는 하나님의 성전 안에 언약궤가 보이는데,11:19 이것의 배경은 구약성경의 외경인 마카비하 2장인 것 같습니다. 언약궤는 주전 586년경 바빌론왕 느부갓네살에 의해 예루살렘성전이 파괴될 때 사라져버렸는데, 마카비하 2장에 의하면 선지자 예레미야가 그 언약궤를 이스라엘이 회복될 때를 위해 어딘가에 감춰 놓았다고 되어 있습니다. 그러므로 여기서 이런 배경을 코드로 사용하여 교회가 곧 '회복된 새 이스라엘' 이라는 사실을 암시한 것 같습니다.

하늘에 있는 하나님의 성전은 물론 교회를 상징합니다. 교회가 하늘 소속이라는 뜻입니다. 언약궤는 구약성경에서 하나님께서 늘 하나님의 백성과 함께 계심을 상징하므로, 언약궤가 성전 안에 보였다는 것은 하나님께서 교회와 항상 함께 계심을 말하는 것입니다. 어떤 하나님이 교회와 항상 함께 계십니까? "번개와 음성들과 우레와 지진과 큰 우박"을 동반하는 하나님, 즉 구약성경이 보여주는 위엄 있는 하나님께서 교회와 항상 함께 계셔서 든든히 지켜주십니다.

그러므로 교회는 두려워할 필요가 없습니다. 일곱 나팔의 심판에도 교회는 끄떡없다는 것입니다. 이런 메시지가 그 당시 핍박받고 있던 요한과 교회들에게 임해서 그들도 하나님의 눈으로 모든 것을 보고 감격했을 것입니다. 이렇게 1세기 교회 성도들의 처지에서 요한계시록을 읽어 나가야 오늘 우리에게도 요한계시록이 살아 있는 책으로 다가올 것입니다.

4부

교회와 마귀 사이의 전쟁

27 빛을 발하는 여자와 붉은 용

12장부터 14장은 교회와 교회의 원수인 마귀 사이의 전쟁을 그리고 있습니다. "여자"라는 코드로 교회를 상징하고, "용"이라는 코드로 마귀를 상징하여 역사상 펼쳐지는 교회와 마귀의 싸움을 드라마로 엮고 있습니다. 이것을 이 세상의 끝에 있을 대규모 전쟁으로 아는 종말론자들이 있지만, 이제 이것도 계시문학 코드로 장식된 드라마라는 사실을 읽기만 해도 알 수 있어야 합니다. 이 이야기를 간단히 요약하면 예수 그리스도께서 교회를 통해 마귀의 세력을 이기고 승리하신다는 내용입니다.

해산하는 여자의 등장

일곱 나팔의 심판이 끝나고 드라마의 장면이 바뀌면서 한 "여자"가 등장합니다.[12:1] 12장 전체를 볼 때 여기서 여자는 교회의 상징임을 알 수 있습니다. 이 여자가 해와 달과 별들이 머리에서 발끝까지 몸 전체를 둘러싼 모습을 하고 있습니다. 온통 빛으로 치장되어 있다는 뜻입니다. 어둠의 세력을 물리치는 찬란한 영광의 소유자로 교회를 소개하고 있습니다. 이미 1장에서 교회의 이미지를 촛대로 표현했던 것처럼 교회는 빛을 비추는 역할을 하는 존재입니다. 이사야 60장과 62장에 나오는, 빛을 발하는 하나님이 택하신 이스라엘과 같은 이미지입니다. 그래서 머리에 "열두 별"의 면류관을 썼다고 한 것 같습니다. 12

라는 숫자로 교회가 하나님께서 선택하신 하나님의 백성임을 암시하고 있습니다.

이 여자가 아이를 배어 해산할 때 아파서 애써 부르짖는 모습은12:2 이사야 26:17에서 빌려온 것입니다. 이사야에서는 여자가 이스라엘을 상징하는데, 여기서는 새로운 이스라엘인 교회가 이 세상에 그리스도를 드러내는 것을 상징하는 것 같습니다. 구약성경에서 이스라엘을 해산하는 여자로 종종 비유하고 있는데, 이제 구약의 이스라엘은 예수 그리스도 안에서 끝났고 새 이스라엘인 교회가 이를 대신하고 있음을 우리는 이미 알고 있습니다.

여자가 해산할 때 아파하는 것은 교회가 그리스도를 드러내는 데는 항상 고통이 수반된다는 것을 의미합니다. 하나님의 생명이 드러나서 넓어지는 것은 결코 신선놀음이 아닌 고통이 따른다는 사실이 계속 강조되고 있습니다. 1세기 교회들로부터 지금까지 그리스도를 드러내는 참 교회는 언제나 사방에서 공격을 받아왔습니다. 산모가 식은 죽 먹기로 아기를 낳을 수 없듯이 교회도 피와 땀과 수고가 없이 거저 세워질 수 없음을 우리는 명심해야 합니다. 따라서 그리스도를 드러내기 위해서라면 어떤 희생도 감수할 각오가 되어 있어야 합니다. 앞의 11:3에서 살펴본 "굵은 베옷을 입고"라는 표현과 11:7~9의 교회가 당하는 고통이 이것을 말해주고 있습니다.

여자의 해산을 방해하는 붉은 용

12:3의 "붉은 용"은 계시문학에 단골로 등장하는 악의 세력을 상징하는 표현입니다. '용'은 구약성경에서 애굽의 바로와 바빌론왕 느부갓네살을 상징적으로 표현할 때 사용되었습니다.시74:13~14; 겔29:3; 32:2; 렘51:34 둘 다 하나님 백성의 원수였으므로 용이라는 가공할 이미지로

표현한 것입니다. 이 붉은 용의 정체를 12:9에서 밝히고 있습니다. "옛 뱀", "마귀", "사탄", "온 천하를 꾀는 자", 곧 에덴동산에서부터 인간을 꾀어 타락시킨 자입니다.

붉은 용의 모습을 통해 마귀의 가공할 위력을 엿볼 수 있습니다. 붉다는 것은 '살인자 또는 파괴자'의 이미지이고, 머리가 일곱인 것은 온 천하를 꾀어 자기 수중에 두는 마귀의 완전한 지혜와 교활함을 상징합니다. 또 계시문학에서 '힘'을 상징하는 뿔이 열이라는 것으로 마귀가 인간에게 막강한 힘을 주어(10은 인간의 완전함을 상징) 세상을 지배함을 뜻합니다. 그리고 여러 머리의 일곱 왕관도 역시 이 세상을 마귀가 완벽하게 장악하고 통치함을 의미합니다. 꼬리로 하늘의 별 삼분의 일을 끌어다가 땅에 던진다는 것도 마귀의 힘이 얼마나 대단한지를 스스로 과시하는 장면입니다. 전부 다 상징적인 말로 마귀의 정체를 드러내고 있습니다.

요한계시록의 독자들은 이 부분에서 아마 '이런 가공할 위력을 지닌 마귀를 교회가 과연 이기고 승리할 수 있을까?'라는 질문을 던졌을 것입니다. 무서운 능력으로 여자가 해산하면 아이를 삼키려고 하는, 곧 교회가 그리스도를 드러내려고 하는 것을 방해하는 마귀의 공작을 과연 무슨 수로 이겨낼 수 있을지 궁금했을 것입니다.

마귀는 예수님의 성육신 때부터 그 후 교회가 그리스도를 드러내려는 모든 노력을 방해해왔습니다. 예수님께서 이 땅에 오신 것은 에덴동산에서 마귀에게 꾀임을 받아 타락한 인류를 마귀의 권세로부터 해방해 구출하시기 위함입니다. 그렇게 해서, 결국 하나님의 원래 목적을 성취하시기 위함입니다. 그러므로 마귀는 가만 있을 수 없습니다.

아들을 낳고 보호 받는 여자

그러나 마귀가 아무리 방해를 해도 결국 "철장으로 만국을 다스릴 남자"인 예수 그리스도와 그를 이 세상에 드러내는 교회를 건드리지 못합니다.12:5 이 표현은 시편 2편에서 빌려온 메시아의 이미지입니다. 남자 아이가 태어나서 하나님 앞으로 올려졌다는 것은 예수님의 성육신부터 승천까지를 나타내는 말입니다. 마귀가 아무리 훼방을 해도 하나님의 계획이 차질 없이 진행된다는 것을 말해줍니다. 즉, 교회는 핍박 중에도 그리스도를 끊임없이 드러내고 또 드러냅니다.

교회가 마귀의 훼방에도 이렇게 할 수 있는 것은 하나님의 보호 가운데 있기 때문입니다.12:6 여기에 출애굽한 후 광야에서 하나님의 보호를 받았던 이스라엘의 이미지를 따다가 썼습니다. 여자가 "천이백육십 일" 동안 보호를 받습니다. 즉, 교회가 이 땅에 존재하는 알 수 없는 기간인 동시에 제한된 기간인 '삼 년 반'(3과 2분의 1)을 가리킵니다. 이 땅에 있지만 실은 세상에 속하지 않고 하늘에 속한 존재인 교회를 말하고 있습니다. 어둠의 세력인 마귀가 빛을 발하는 교회를 결코 이길 수 없습니다.

28 보호 받는 하늘 사람들

장면이 잠깐 바뀌어 하늘에서 미가엘 세력과 용의 세력 사이에 벌어진 전쟁이 펼쳐집니다.[12:7~12] 그리고 또다시 장면이 바뀌면서 용이 계속해서 여자를 핍박합니다.[12:13~17] 예수님의 교회와 마귀의 세력 사이에 영적 전쟁이 계속되고 있습니다.

하늘의 전쟁

미가엘의 세력과 용의 세력이 싸우는 장면이 나오는데 이것이 무엇을 상징하는지를 잘 알아야 합니다. 미가엘이라고 하니까 금방 무슨 천사장을 연상해서, 이것을 이 세상을 창조하기 전에 벌어진 천사장 미가엘과 마귀 사이의 싸움으로 이해하는 사람들이 있는데, 그렇지 않습니다. 이런 주장은 신화를 바탕으로 쓴 존 밀톤의 『실락원』이라는 소설의 내용을 성경적인 것으로 잘못 받아들여 생긴 이론입니다. 전설과 신화가 정통으로 둔갑해버린 것인데, 기독교 안에 이런 것들이 꽤 많아서 복음을 제대로 알고 성경을 해석해야 합니다. 성경 어디도 그런 식으로 기록되어 있는 곳은 없습니다. 악이 언제 생겼는지, 그 기원에 대해서는 성경이 침묵하고 있으므로 쓸데없는 추측을 하지 않는 것이 좋다고 봅니다. 우리가 그것을 알 필요가 없기 때문입니다. 그럼 무엇을 말하려는 것일까요? 이 장면은 깊이 생각하지 않아도 창조 전의 애기가 아니라 예수님의 성육신과 승천 때문에 벌어진 일인 것을 금방 알 수 있습니다.

"미가엘"은 '누가 하나님과 같으냐?' 라는 뜻인데 다니엘 10장과 12장에서 따온 것으로 종종 계시문학에서 하나님의 백성을 보호하는 천사장으로 묘사된 존재이지만, 여기서는 천사장이 아닌 예수 그리스도를 대표하는 상징으로 그려지고 있습니다. 신약성경의 복음은 그리스도 외에 어떤 존재도 하나님 백성인 교회의 수호자가 될 수 없습니다. 천사도, 마리아도, 그 누구도 아닌 예수 그리스도만이 교회의 머리요 주인이시기 때문입니다.

본문의 내용은 예수 그리스도와 그의 교회를 상대로 싸움을 걸어오는 마귀의 세력이 패배하는 장면을 그리고 있습니다. 마귀가 패배하여 하늘에 발붙일 곳이 없도록 내어 쫓기고 맙니다. 하늘에서는 이미 전쟁이 끝났다는 말입니다. 이제 마귀는 이 땅의 사람들에게만 위세를 떨치는 존재일 뿐이라는 뜻입니다. 마귀는 그리스도와 그의 교회는 건드리지 못하는 종이호랑이에 불과할 뿐입니다. 어떻게 이런 일이 벌어졌습니까? 예수님의 성육신, 십자가, 부활, 승천이 이런 결과를 가지고 왔습니다. 예수님께서 십자가에서 "다 이루었다"라고 하시며 하나님의 목적을 다 성취하셨기 때문입니다.요19:30

하늘에서 들려오는 메시지

이렇게 예수 그리스도와 그의 교회가 마귀를 이기고 승리한 사실을 확인시켜주는 하늘의 큰 음성이 들려왔습니다.12:10~12 그리스도의 권세가 승리를 가져왔을 뿐만 아니라, 확실한 복음을 가지고("어린 양의 피와 자기들이 증언하는 말씀") 목숨까지 내놓고 그리스도를 따라가는 교회("우리 형제들")를 마귀가 당할 수 없기 때문입니다.12:11 여기서 그 당시 교회들이 처한 상황을 엿볼 수 있습니다. 핍박이 몰아 닥친 교회의 현실 속에서 어떤 희생을 치러도 그리스도를 드러내는 참 교회의 모습을 그리고 있습니다. 교회는 이미 예수님의 승리에 동참한 존재이므로 그 어떤 희생도 결코 헛된 것이 아니기 때문입니다. 마귀는 이런 교회에는 어쩔 수가 없습니다.

그래서 이런 교회를 가리켜 "하늘과 그 가운데 거하는 자들"이라고 칭한 것입니다.12:12 "땅과 바다"로 표현된 이 세상 사람들의 반대되는 말입니다. 교회가 이 땅에 있지만 실은 하늘에 있기 때문입니다. 에베소서 2:6과 골로새서 3:1~3이 이를 확인해줍니다.

그러나 교회 밖의 세상은 아직도 마귀의 밥입니다. 마귀가 자기의 운명을 알므로 최후의 발악을 하며 이 세상 사람들을 현혹하고 못살게 굽니다. 마귀가 어떻게 자기의 때가 얼마 남지 않았다는 것을 알게 되었습니까? 그것은 이미 예수님의 성육신, 십자가, 부활, 승천으로 말미암아 회복할 수 없는 치명상을 입었기 때문입니다.

교회를 건드려보는 마귀

마귀가 이 세상 사람들을 장악하고 아울러 교회도 건드려보는데, 그것이 바로 교회를 핍박하는 것으로 나타납니다. 장면이 다시 바뀌어 "남자를 낳은 여자를 박해"하는 장면이 등장합니다.12:13~17 예수 그리스도를 드러내는 교회를 마귀는 너무 싫어할 수밖에 없습니다. 마치 애굽의 바로가 이스라엘백성을 박해한 것처럼 말입니다. 그래서 여기에 "큰 독수리의 두 날개"의 이미지를 사용하고 있습니다.12:14 출애굽기 19:4과 신명기 32:11~12에 보면, 하나님께서 바로에게 재앙을 내리시고 이스라엘을 광야로 데리고 오셔서 보호하신 것을 독수리가 날개로 새끼를 업어 보호하는 이미지로 표현하셨는데, 그것을 여기에 빌려온 것입니다.

큰 독수리의 날개는 보통 1미터가 넘는데, 그 큰 날개에서 나오는 힘이 엄청납니다. 그래서 이사야 40:31에도 "오직 여호와를 앙망하는 자는 새 힘을 얻으리니 독수리가 날개치며 올라감 같을 것이요"라고 했는데, 이런 힘이 어디서 비롯되었을까요? 하나님께서 이스라엘을 보호하신 하나님의 능력을 독수리의 날개에 비유하신 신명기 32:11~12을 보면 이를 알 수 있습니다.

> 여호와께서 그를 황무지에서, 짐승이 부르짖는 광야에서 만나시고 호위하시며 보호하시며 자기의 눈동자 같이 지키셨도다 마치 독수리가 자기의 보금자리를 어지럽게 하며 자기의 새끼 위에 너풀거리며 그의 날개를 펴서 새끼를 받으며 그의 날개 위에 그것을 업는 것 같이 여호와께서 홀로 그를 인도하셨고 그와 함께 한 다른 신이 없었도다

마귀의 손에서 교회를 안전하게 보호하시는 능력의 손길이 위의 독수리 날개 이미지로 표현되었음을 알 수 있습니다. 얼마 동안 보호를 받습니까? 역시 알 수 없는 제한된 기간인 3과 2분의 1입니다. 그런데 앞의 12:6에서는 "천이백육십일"이라고 했는데 여기서는 "한 때와 두 때와 반 때"라고 표현했습니다. 이렇게 계시문학에서는 똑같은 의미를 여러 다른 표현으로 사용하여 흥미를 돋우는 것입니다.

마귀가 수단과 방법을 가리지 않고 교회를 핍박하는 것을 시편 124편에서 빌려와서 뱀이 여자를 물로 떠내려가게 하는 이미지로 표현했습니다.[12:15] 바로가 탈출한 이스라엘을 추격하여 끝까지 괴롭히려고 했던 것처럼 마귀도 십자가로 해방된 교회를 건드려본다는 뜻입니다. 그러나 이스라엘이 홍해를 마른 땅으로 건넌 것처럼 교회도 마귀의 핍박에서 하나님의 도우심을 받게 됩니다.[12:16] 하나님께서 뭐든지 다

동원하셔서 교회를 안전하게 보호하십니다.

여자의 남은 자손을 건드려보는 마귀

아무리 교회를 핍박해도 교회가 끄떡도 하지 않자 마귀는 약 오르고 열 받아서 "그 여자의 남은 자손"을 괴롭힙니다.12:17 그들은 "하나님의 계명을 지키며 예수의 증거를 가진 자들"입니다. 누구입니까? 교회의 생명력을 말하는 것입니다. 교회가 또 교회를 낳고, 또 교회를 낳고 이렇게 해서 그리스도의 참 교회는 계속 이어지게 되는데, 마귀는 이런 교회들을 역사상 끈질기게 핍박해오고 있습니다.

용이 아이를 삼키려 하다가 안 되니까 아이를 낳은 여자를 핍박했고, 그것도 안 되니까 이제 여자의 남은 자손을 차례로 공격합니다. 마귀의 수법입니다. 그러나 참 교회는 이런 마귀의 계략을 잘 알고 영적 전쟁에서 승리할 수 있습니다. 그것은 이미 교회가 그리스도의 승리에 동참했기 때문입니다.

29
바다에서 나오는 짐승

13:1~10은 바다에서 나오는 짐승에 관한 내용입니다. 이 장면은 다니엘 7:2~7에서 따온 것입니다. 여기서 "바다"는 '혼잡'의 상징입니다. 겉으로는 평온한 바다도 그 속을 들여다보면 오만 가지 잡탕으로 가득한데, 그래서 구약성경에서는 종종 혼잡한 이 세상을 바다로 상징하고 있습니다.[시65:7; 사60:5; 렘51:42; 단7:2 등] 여기서도 바다는 혼잡한 이 세상을 뜻합니다.

짐승의 정체

이 바다에서 나온 짐승의 모습은 12:3의 머리가 일곱이고 뿔이 열인 "붉은 용"을 그대로 닮았습니다.[13:1] 이 짐승은 '이 세상의 파워' power를 상징하는데, 이 세상의 배후에 마귀가 도사리고 있음을 알 수 있습니다. 마귀의 조종을 받는 인간이 소유한 '힘의 극치'를 말합니다. 정치, 경제, 사회, 문화, 예술 등 삶의 곳곳에서 마귀가 보이지 않게 지배하고 있다는 뜻입니다. 마귀가 이 세상의 지배자라는 것에 대해서는 예수님께서 이미 다음과 같이 확인해주셨습니다.

> 이제 이 세상에 대한 심판이 이르렀으니 이 세상의 임금이 쫓겨나리라 _요12:31

이후에는 내가 너희와 말을 많이 하지 아니하리니 이 세상의 임금이 오겠음이라 그러나 그는 내게 관계할 것이 없으니 _요14:30

심판에 대하여라 함은 이 세상 임금이 심판을 받았음이라 _요16:11

이렇게 마귀가 이 세상을 조종하고 있다는 사실에 대해 "용이 자기의 능력과 보좌와 큰 권세를 그에게 주었더라"라고 표현하고 있습니다.13:2 우리는 항상 이 세상의 배후에서 마귀가 조종하고 있다는 사실을 염두에 두고 세상을 봐야 합니다.

물론 요한계시록이 기록될 당시엔 이 세상의 파워가 로마제국을 가리키지만, 이것은 인류 역사상 계속 등장하는 이 세상 파워의 극치를 상징하는 것입니다. 때로는 애굽이라는 모습으로, 때로는 앗수르나 바빌론이나 바사(페르시아)나 헬라나 시리아의 모습으로, 때로는 로마제국의 모습으로 나타납니다. 또 오스만 터키나 대영제국이나 스페인으로, 칭기스칸의 몽고나 나폴레옹의 프랑스나 히틀러의 독일로 나타납니다. 또 근대에 와서 미국, 러시아, 중국 등의 모습으로 나타나는 이 세상의 파워를 뜻합니다. 마귀의 종인 교회 밖 이 세상입니다.

짐승의 파워

이것이 바로 13:3이 뜻하는 바입니다. 이 세상 나라가 망하고 없어지는 듯하다가 다시 새로운 형태로 등장한다는 것을 이렇게 표현했습니다. 세상의 지배자가 죽으면 또 다른 지배자가 등장하는 법입니다. 그래서 이 세상 사람들은 이런 세상의 파워에 압도당하고 사로잡혀서 "놀랍게 여겨" 세상의 파워를 따르게 되어 있습니다. 이 세상 시스템의 노예로 살아갈 수밖에 없는 교회 밖 세상 사람들의 운명입니다. 그들은 "누가 이 짐승과 같으냐?"라며 지레 겁을 먹습니다(13:4). 이것은 12:7의 '누가 하나님과 같으냐?' 라는 뜻의 "미가엘"을 풍자한 표현입니다. 오직 그리스도만 경배해야 할 인간들이 이 세상에 압도되어 세상을 우상시한다는 뜻입니다. 이 세상의 파워에 주눅이 들어 아무도 세상에 맞서 싸우려 하지 않습니다.

그러나 그래 봤자 이 세상의 파워는 제한된 기간인 "마흔두 달" 동안 까불다가 끝나고 맙니다.13:5 그 기간에 세상의 파워는 하나님의 이름을 비방하고, 아울러 하나님의 장막 곧 "하늘에 사는 자들"을 비방합니다.13:6 누구입니까? 하나님께서 사시는 장막인 교회를 가리킵니다.7:15 참조 교회가 항상 세상에 의해 핍박받는다는 것을 이렇게 표현했습니다. 이런 핍박을 받으므로 겉으로 볼 때는 마치 세상이 교회를 이기는 것처럼 보입니다.13:7 예수님께서 십자가에 달리셔서 죽으신 것이 겉으로 볼 때는 패배인 것처럼 보였듯이 말입니다. 그러나 예수님께서 바로 그 십자가에서 다 이루시고 승리하신 것처럼 교회도 핍박받는 그 시점이 바로 예수님의 승리를 경험하는 것임을 알아야 합니다. 이 세상의 파워는 네 종류로 표현된("족속과 백성과 방언과 나라") 세상 사람들에게만 권세를 행사할 수 있기 때문입니다.

딱 두 종류의 사람

이 땅에 있는 모든 사람은 이 세상 파워의 지배를 받는 "이 땅에 사는 사람들"과 "어린 양의 생명책에 이름이 기록된 사람들" 이렇게 두 부류로 나뉩니다.13:8 즉 교회 밖의 사람들과 교회 안의 사람들로 나뉜다는 말입니다. 여기서 "생명책"이라는 말은 계시문학에 단골로 등장하는 코드입니다.(요한계시록에는 다섯 번 등장함 – 3:5; 13:8; 17:8; 20:12, 15) 저 멀리 하늘 어딘가에 서고가 있고 그 안에 생명책이 있다는 뜻이 아니라, 하나님의 생명을 받은 사람들을 가리키는 상징적인 표현입니다. 따라서 하나님의 생명 자체인 그리스도가 없는 자들은 이 세상 파워에 의해 압도되고 놀아나고 사로잡혀 종노릇 하게 됩니다.

그런데 여기 등장하는 표현을 영어성경 대부분과 한글 개역성경에서는 순서를 바꿔놓아 뜻을 희미하게 만들어버렸습니다. 헬라어 원문 그대로 하면 '창세로부터 죽임당한 어린 양의 생명책' 이라고 해야 합니다. 이것에 대해서는 자세한 설명이 필요하지만, 적어도 예수 그리스도께서 창세 때부터 이미 죽임당해 오셨다는 것을 이해할 필요가 있습니다. 예수님이 2천 년 전에 갑자기 돌아가신 것이 아니라 이미 시공을 초월하시는 하나님 안에서 죽으셨다는 사실을 알아야 합니다. 우리를 향한 하나님의 사랑을 엿볼 수 있는 대목입니다. 이것을 알아야 사도 바울이 말한바 "창세 전에 그리스도 안에서 우리를 택하사" 엡 1:4라는 의미를 이해할 수 있습니다. 교회가 창세 전부터 이미 그리스도 안에 있는 존재임을 '창세로부터 죽임당한 어린 양의 생명책' 에 이름이 기록되었다는 표현으로 암시하고 있습니다. 이렇게 교회에 속하지 않은 사람은 누구나 이 세상의 지배를 받게 됩니다.

권면의 말씀

이 세상의 파워가 교회를 핍박할 때 교회가 취해야 할 태도에 대해 권고한 말씀이 이어집니다.13:9~10 "귀가 있거든 들을지어다"라는 말은 주님께서 2장과 3장에서 일곱 교회를 권면 하실 때 사용하신 표현입니다. 이것은 또한 주님께서 복음서에서 종종 경고하신 말씀이기도 합니다. 이 세상이 싸움을 걸어올 때 생명이 있는 교회는 어떻게 대처할 것인가? 이것이 요한계시록의 독자인 그 당시 교회 성도들 입에서

절로 나오는 질문이었을 것입니다. 이 질문에 대한 답이 13:10입니다.

이 질문에 대한 대답을 간단히 표현하자면, '생명이 있는 자들 곧 하늘에 속한 자들은 이 세상의 방법으로 대항하지 않는다' 입니다. 칼로, 무력으로, 기득권을 차지해서, 즉 이 세상의 힘을 길러 방어하는 것이 아니고, 어린 양이신 예수님처럼 인내해야 함을 권고하고 있습니다. 13:10의 앞부분은 예레미야 15:2과 43:11에서 따와서 조합한 표현입니다. 교회는 절대로 이 세상의 방법을 사용해서 생존하려 하면 안 된다는 것입니다.

그러나 기독교 역사는 그렇지 않았습니다. 핍박 속에서 근근이 버텨오다가 4세기 때 로마황제인 콘스탄틴에 의해 졸지에 기득권을 갖게 된 기독교는 이 세상과 똑같은 시스템을 갖추고 물리적인 힘을 길러왔습니다. 순식간에 걷잡을 수 없이 타락한 것입니다. 세상과 타협해서 교회가 막강한 권세를 휘두르기도 했고, 관을 등에 업고 세상과 맞서기도 했고, 총과 칼로 기독교 세력을 키워서 정복하기도 했습니다. "어린 양" 예수님의 모습과는 전혀 관계없는 종교세력으로 전락한 기독교의 모습입니다. 사실, 오늘날 교회 안에 파고들어 와 있는 기복신앙, 승리주의, 고지론 등이 다 이것의 결과라고 볼 수 있습니다.

이에 반해, 참 교회는 이런 물리적 힘을 거부하고 인내와 믿음으로 버팁니다. 이것이 창세로부터 죽임당해 오신 예수님의 방식이기 때문입니다. 겉으로 볼 때는 바보 같지만, 이것이 이기는 것입니다. 그래서 초기 교회 성도들은 물리적인 힘으로 대항하지 않고 순순히 순교의 길을 택했습니다. 그래서 16세기 재침례교인 중에도 이슬람교도들인 터키가 쳐들어왔을 때 무기를 들지 않고 그냥 몰살당해 죽는 길을 택한 사람들이 많았습니다. 그래서 1956년에 복음을 들고 남미 에쿠아도르의 정글에 들어갔던 짐 엘리엇과 동료 전도자들도 토인들의 창에

찔려 죽는 길을 택했던 것입니다. 그들이 맹수를 대비한 총을 소지하고 있었음에도 말입니다. 이렇게 참 교회는 "어린 양"의 삶을 따릅니다. 1세기 말의 모진 핍박 속에 있던 요한계시록의 독자들에게 주님께서 권면 하신 말씀입니다. 오늘날도 귀 있는 사람은 이 권면의 말씀을 듣게 되어 있습니다.

30
땅에서 올라오는 666

바다에서 올라오는 짐승에 이어 이번엔 땅에서 올라오는 다른 짐승이 등장합니다.[13:11~18] 바다는 혼잡한 이 세상을 상징한다고 했는데, 그럼 땅은 무엇을 상징할까요? 계시문학에서 '땅'은 '정착된 인간사회'를 상징합니다. 따라서 여기 이 짐승은 인간사회에 정착해서 사람들을 지배하는 존재를 가리킵니다.

땅에서 올라오는 짐승의 정체

우선 이 짐승의 모습을 "어린 양같이 두 뿔이 있고 용처럼 말을 하더라"라고 표현하고 있습니다.[13:11] 분명히 용으로 상징되는 마귀의 조종을 받는 존재인데 어린 양 흉내를 내고 있음을 알 수 있습니다. 진리를 가장하고 나타나는 거짓 종교를 뜻합니다. "거짓 선지자들을 삼가라 양의 옷을 입고 너희에게 나아오나 속에는 노략질하는 이리라"고 하신 예수님 말씀을 연상케 합니다.[마7:15] 인간사회에 정착해서 사람들을 현혹하는 모든 인본주의 종교를 가리키는데, 전부 다 마귀가 뒤에서 조종하는 것입니다. 마귀가 노리는 것은 이 세상 모든 사람으로 하여금 앞에 나온 "처음 짐승"을 경배하게 함입니다.[13:2] 즉, 이 세상의 모든 종교는 이 세상 사람들을 유혹해서 세상의 파워를 섬기게 하고, 결국 진리에 이르지 못하게 합니다. 요한계시록이 기록될 당시가 황제 숭배가 극에 달했던 시기였음을 짐작하게 합니다.

거짓 종교가 어떻게 사람들을 유혹합니까? 엘리야 흉내를 냅니다.[13:13] 즉, 11:4~5의 "두 증인"으로 가장하고 온갖 이사와 기적으로 속여 이 세상의 파워를 압도해버립니다. 교회를 흉내 내는 모든 종교의 수법이 똑같습니다. 이게 바로 마귀의 작전입니다. 이에 "땅에 거하는 자들"은 그 신비한 힘에 눌려 속수무책으로 당하고 맙니다.[13:14] 참 교회가 아닌 사람들은 마귀에게 놀아나서 거짓된 종교를 진리라고 믿고 따르게 되어 결국 이 세상을 섬기게 됩니다. 그러므로 누구나 아래의 말씀에 귀 기울여야 합니다.

> 악한 자의 나타남은 사탄의 활동을 따라 모든 능력과 표적과 거짓 기적과 불의의 모든 속임으로 멸망하는 자들에게 있으리니 이는 그들이 진리의 사랑을 받지 아니하여 구원함을 받지 못함이라 이러므로 하나님이 미혹의 역사를 그들에게 보내사 거짓 것을 믿게 하심은 진리를 믿지 않고 불의를 좋아하는 모든 자들로 하여금 심판을 받게 하려 하심이라 _ 살후2:9~12

마귀의 조종을 받는 종교들의 속임수를 갈파해야 합니다. 22단원에서 이미 살펴보았듯이, 실은 마귀도 하나님의 손안에 있음을 알 수 있습니다. 진리에 관심 없이 하나님을 믿으려 하는 사람들에게는 기독교의 이름으로도 얼마든지 이런 일이 벌어질 수 있음을 알아야 합니다. 하나님의 목적, 하나님의 필요에 집중하지 않으면 아무리 교회를 다녀도 결국 마귀의 밥이 될 수밖에 없습니다. 하나님의 목적을 성취하기 위해 오신, 진리이신 그리스도를 만나 그의 몸인 교회 안에서 생명의 교제를 경험할 때 비로소 종교의 유혹에서 벗어날 수 있습니다.

흉내의 달인에게 속아 넘어가는 사람들

또, 감쪽같이 흉내 내는 마귀의 속임수를 13:15이 표현하고 있습니다. 교회에 생기를 불어넣는 성령의 흉내를 내어 짐승의 우상에게 "생기"를 줍니다. 그래서 짐승의 우상으로 하여금 말하게 한다고 했습니다. 거짓 종교의 힘을 말하는 것입니다. 그래서 이 세상 모든 사람이 꼼짝없이 당하고 맙니다. 이렇게 종교를 따르는 사람들을 6종류(작은 자, 큰 자, 부자, 가난한 자, 자유인, 종들)로 표현하고 있습니다.[13:16] 6은 '불완전'을 의미하는 숫자 코드입니다. 거짓 종교를 섬기므로 완전에 이르지 못하는 사람들을 이렇게 표현했습니다.

완전한 진리에 이르지 못하는 사람들은 그 오른손이나 이마에 표를 받게 된다고 했습니다. 이것은 7:3에서 이마에 인침을 받은 사람들인 교회에 대한 풍자입니다. 출애굽한 이스라엘이 하나님의 말씀을 손목과 미간에 붙여 표를 삼아 하나님께 속한 백성임을 나타내는 것처럼[신 6:8], 거짓 종교도 오른손이나 이마에 표를 주어 이 세상에 속했음을 확실하게 드러낸다는 뜻입니다. 손과 이마는 앞에서 가장 잘 보이는 신체의 부분이기 때문에 이렇게 상징한 것입니다.

적그리스도?

13:17의 오른손이나 이마에 표를 받은 자 외에는 "매매를 못하게" 한다는 것은 무슨 뜻입니까? 이것은 실지로 사고파는 행위를 말하는 것이 아니고, 세상에 협조하지 않으면 불이익을 당하게 된다는 상징적인 표현입니다. 즉, 거짓 종교가 사람들을 세상의 노예로 만든다는 말입니다.

그런데 계시문학의 이런 상징적 코드를 알지 못하는 사람들은 이것이 앞으로 마지막 때 나타날 적그리스도가 실지로 행할 일의 예언이라는 주장을 합니다. 사람들의 오른손이나 이마에 바코드를 새겨 넣거나, 레이저를 쏘거나, 베리칩verichips이라는 것을 집어넣어서 이 표가 없는 사람은 마트에서 물건을 사지도 못하고 주유소에서 기름을 넣지도 못한다는 황당한 소리를 하곤 합니다. 요한계시록이 2천 년 후인 지금 이 시대를 예언한 것으로 착각했기 때문입니다. 그러나 적그리스도는 이미 1세기 때부터 등장했음을 알아야 합니다. 다음 성경 구절을 보면 알 수 있습니다.

> 아이들아 지금은 마지막 때라 적그리스도가 오리라는 말을 너희가 들은 것과 같이 지금도 많은 적그리스도가 일어났으니 그러므로 우리가 마지막 때인 줄 아노라 _요일2:18

적그리스도는 '그리스도를 반대하는 존재' 또는 '그리스도를 대신하려는 존재' 라는 뜻입니다. 따라서 적그리스도는 1세기 때부터 예수님 재림 때까지 계속 나타나는, 이 세상 사람들로 하여금 진리이신 그리스도를 믿지 못하게 하는, 마귀의 수하인 거짓 종교입니다.

이 거짓 종교가 "매매를 못 하게" 한다는 것은 세상의 파워에 굴복하지 않는 참 교회가 거짓 종교에 의해 핍박과 환란을 당한다는 뜻입니다. 1세기 말의 참 교회 성도들이 실지로 이 사회에서 내쫓기고 굶어 죽기도 했던 상황을 묘사한 것입니다. 그때 뿐만 아니라 오늘날도 그리스도를 따르다가 이런 모진 박해를 받거나 불이익을 당하는 사람들이 얼마든지 있을 수 있는데, 여기서 이것을 짐승의 표를 받는 것으로 상징했습니다.

666의 비밀

그런데 이 짐승의 표가 "육백육십육" 곧 "짐승의 수"라고 했습니다.13:8 이 666이라는 수는 요한계시록에서 가장 논란을 일으키는 주제 중 하나인데, 여기서 요한이 독자들에게 지혜를 가지고 거짓 종교의 정체를 제대로 파악할 것을 권면하고 있습니다. 이것은 사도 바울이 "마귀의 간계"를 대적하라고 한 권면과 같은 맥락입니다.엡6:11 그럼 666이란 도대체 무엇을 뜻하는 것일까요?

2세기 교회로부터 오늘날까지 666이 무슨 뜻인가를 놓고 머리를 싸매고 연구해왔지만, 아직도 의견만 분분하고 종을 잡지 못하고 있습니다. '네로 가이사'의 헬라어 이름을 히브리어로 바꾸고 히브리 알파벳에 해당하는 수를 더하면 666이 나온다는 '게마트리아'라는 해독 방식이 있긴 하지만, 과연 요한계시록의 코드가 그것을 말하는 것인지는 분명치 않습니다. 이 게마트리아를 신봉하는 사람들이 역사상 적그리스도라고 생각되는 사람의 이름을 집어넣어서 666이 나오는지 시도해보곤 했습니다. 교황도 넣어보고, 히틀러나 스탈린도 넣어보고, 케네디와 레이건과 조지 부시도 넣어보곤 했는데 간혹 맞아떨어지는 사람이 있다고 합니다.

그러나 가장 신빙성 있는 해석은 역시 계시문학 코드에 충실해서 나온 답이라고 생각됩니다. 6이라는 숫자가 세 개라는 사실에 주목하는 것입니다. 6은 완전수에 미치지 못하는 '불완전'을 의미하는데 이 숫자는 이미 13:16에서 6 종류의 사람들을 나열할 때 등장했었습니다. 이런 불완전이 세 개가 있으니 '불완전 삼위일체(?)'라 할 수 있을 것입니다. 즉, 불완전한 존재인 인간이 신처럼 행세하는 것을 뜻한다고 볼 수 있습니다. 인간을 우상화하는 인본주의의 극치를 설명하려고 한 것 같습니다. 666을 "사람의 수"라고 한 것을 보면 감이 잡힙니다.

그러므로 이렇게 불완전한 인간의 능력을 신처럼 떠받드는 타락한 인간 사회를 뒤에서 조종하는 거짓 종교의 정체를 밝혀주는 숫자가 666이 아닐까요? 그 당시에는 아마 이것이 '황제숭배'를 가리킨 것 같습니다. 이런 인간을 신처럼 떠받드는 것은 2천 년 전이나 천 년 전이나 오늘날이나 할 것 없이 마귀가 사용하는 가장 강력한 무기입니다. 아마 오늘날 발달한 사회에서는 더 교묘한 방법으로 현혹하고 있을 것입니다. 위에서도 언급했지만, 심지어는 교회 안까지도 깊숙이 파고들어와 착각을 일으키게 합니다. 이것을 경계하는 지혜가 우리에게 있어야 할 것입니다.

31
영생과 심판의 갈림길

교회와 마귀와의 전쟁이 벌어지는 동안 교회는 안전하고 심판은 계속된다는 것을 14:1~20이 그리고 있습니다.

다시 등장한 십사만 사천

14:1~5은 마귀가 아무리 교회를 상대로 전쟁을 일으켜도 교회가 안전하다는 것을 7:4에 등장했던 "십사만 사천"의 이미지를 다시 등장시켜 설명하는 장면입니다. 7장에서는 십사만 사천을 이스라엘 자손 중 인침 받은 자들로 묘사했는데, 여기서는 "시온 산"에 어린 양과 함께 있어 이마에 어린 양과 아버지의 이름이 기록된 존재로 묘사하고 있습니다. 시온 산은 구약시대 때 성전이 있었던 예루살렘의 가장 높은 곳인데, 하나님께서 보호하시는 안전한 요새를 상징합니다. 따라서 이것은 계시문학에서 구속 받은 하나님의 백성인 교회를 가리킵니다. 십사만 사천도 교회를 상징하고 시온 산도 교회를 상징하는 코드입니다.

십사만 사천의 이마에 어린 양과 아버지의 이름이 기록되어 있다고 했는데, 이것은 13:16의 이마에 짐승의 표를 받는 이미지와 대조되는 표현입니다. 교회가 예수 그리스도와 하나님 아버지께 속해 함께 거하는 존재임을 그리고 있습니다.

이런 교회는 교회가 아니면 알 수 없는 "새 노래"를 부르게 됩니다.14:3 이 세상 사람들은 경험하지 못한 "속량함"을 받았기 때문입니다. 교회는 어린 양 예수 그리스도의 희생에 의해 값으로 사신 바 된 존재입니다. 이 교회의 새 노래는 5:9에 등장했던 바로 그 새 노래입니다. 하늘의 오케스트라와 어우러져 하모니를 이루어14:2 장엄한 찬양이 울려 퍼집니다. 땅의 차원에서는 경험할 수 없는 완전히 다른 세계에서 벌어지는 일입니다. 이 땅의 사람들은 알 수 없는 하늘의 비밀을 간직하는 참 교회만의 "새 노래"입니다.

이렇게 교회는 지금 이 땅에 있지만, 이 세상과는 따로 노는, 어린 양 예수 그리스도와 함께 있는 세계입니다. "여자와 더불어 더럽히지 아니하고 순결한 자", "그 입에 거짓말이 없고 흠이 없는 자들"이라는 것이 바로 그런 의미입니다.14:4,5 그러므로 교회는 이 세상에 물들지 않고 예수 그리스도의 인도대로 따라갑니다. 예수님과 한 운명이기 때문입니다.

"처음 익은 열매"는 구약성경에 등장하는 하나님께 바쳐져야 할 첫 수확을 가리키는 말입니다.레23:9~13; 민18:12; 신18:4 첫 수확은 하나님께 속했음을 드러내는 증표인데, 교회가 바로 하나님께 속했음을 여기서 강조한 것입니다. 하나님께 속한 것은 아무도 건드릴 수 없음을 뜻합니다. 이렇게 교회는 안전하게 보호됩니다.

영생과 심판의 메시지

장면이 바뀌어 "영원한 복음"을 가진 천사가 나타납니다.14:6 이 천사가 "공중"을 날아간다는 것은 복음이 온 세상에 전파된다는 것을 상징합니다. 공중midheaven은 누구나 다 볼 수 있는 지점을 의미합니다. 그래서 또 4라는 땅의 숫자를 사용한 것입니다. 이 복음이 땅에 있는 모든 사람이 들어야 할 복음이기 때문입니다.

이 복음은 그냥 복음이 아니라 "영원한 복음"입니다. 이것을 받아들이지 않으면 영원히 심판당하게 되는 그런 심각성을 지닌 복음입니다. 그런데 하나님의 "심판의 시간"이 이르렀습니다.14:7 영원한 복음을 받는 자는 영생이고, 거부하는 자는 심판이라는 말입니다. 예수 그리스도를 믿지 않는 자는 벌써 심판을 받은 것이라는 요한복음 3:18의 말씀 그대로입니다. 죽은 후에 심판이 오는 것이 아니라 영원한 복음을 거부하는 그 자체가 바로 심판입니다.

거짓 종교와 그 추종자들에게 임하는 심판

14:1의 교회를 상징하는 "시온 산(예루살렘)"에 반대되는 개념의 "바빌론"이 여기 처음으로 등장합니다.14:8 이 바빌론은 무엇을 뜻합니까? 물론 그 당시 로마제국을 지탱하고 있던 황제숭배와 모든 종교들을 말합니다. 또한 역사상 이 세상 사람들을 진리로 오지 못하게 하고 그들의 영적 지주 역할을 하는 모든 종교를 가리킵니다. "모든 나라에게 그의 음행으로 말미암아 진노의 포도주를 먹이던 자"라는 표현이 바로 그런 뜻입니다. 하나님이 아닌 우상을 섬기게 하는 모든 종교를 상징하는 말이 바로 바빌론입니다. 즉, 교회의 정반대 편에 서서 이 세상을 조종하는 거짓 종교를 뜻하는 코드입니다.

이 거짓 종교에 대한 심판이 이르렀습니다. 요한계시록의 독자들은 전에 가장 막강했던 바빌론 제국의 멸망에 관한 역사를 알고 있었는데, 여기서 "큰 성"이었지만 무너졌다는 것을 기억하라는 것입니다. 도저히 멸망할 것 같지 않던 바빌론이 멸망했듯이 거짓 종교도 그런 운명이라는 말입니다. 이 거짓 종교의 멸망에 관해서는 16장 이하에서 다루게 됩니다.

거짓 종교를 추종하는 사람들 역시 거짓 종교와 똑같은 심판을 당하게 됩니다.14:9~11 13:16에 언급한 그 "표"가 여기에 다시 등장합니다. 즉, 세상에서 편히 살고자 진리를 거부하고 거짓 종교를 추종하면 그 결과는 마치 소돔과 고모라의 멸망과 같다는 것입니다. 소돔과 고모라에 "불과 유황"이 떨어져 그 연기가 올라갔던 것처럼, 무서운 심판이 내리게 될 것이라는 뜻입니다. 교회 밖 세상 사람들의 쉼이 없는 고통스러운 삶을 그리고 있습니다.

교회를 향한 권면과 교회에 임하는 복

이런 심판의 메시지가 임하는 중에 13:10에서 했던 그 권면이 또다시 등장합니다.14:12 교회가 인내해야 할 것을 다시 한 번 강조하고 있습니다. 교회는 거짓 종교에 속아 넘어가지 말고 이 세상의 유혹과 핍박을 견뎌내야 한다는 것입니다. 물론 그냥 버티는 것이 아니고 "하나님의 계명과 예수에 대한 믿음을 지키는" 것입니다. 즉, 하나님의 뜻을 행하고 그리스도의 믿음으로 사는 행복한 삶이 곧 인내입니다. 이것이 이 세상은 알 수 없는 교회만이 가지는 비밀입니다.

이런 삶을 사는 사람은 언제 죽어도 "복"입니다.14:13 이 말씀은 그 당시 핍박이 닥쳐 성도들이 감옥에 갇히고 형장의 이슬로 사라지는 가운데 의기소침해 있던 교회 상황에서 하나님께서 주신 약속입니다. 예수님 안에서 죽는 것은 재수 없는 게 아니고 그 자체가 복이라는 것입니다. 그 이유는 수고를 그치고 쉬게 되기 때문입니다. "그들의 행한 일"이 따른다는 것은 하나님께서 교회 성도들이 주를 위해 살아온 삶을 다 기억하신다는 말입니다. 고로, 우리가 지금 참 교회를 이루려고 희생하고 버리고 하는 것이 결코 손해가 아닙니다. 하나님께서 다 기억하고 계십니다. 목숨을 버려도 복입니다.

거두어진 곡식과 밟힌 포도

장면이 바뀌어 추수하는 광경이 펼쳐집니다.14:14~20 흰 구름과 구름 위에 인자 같은 이가 앉아 있는 장면은 다니엘 7:13에서 따온 표현입니다.4:14 여기서 "인자 같은 이"는 물론 예수 그리스도를 상징합니다. 하나님나라의 왕이신("금 면류관") 예수님께서 구원받을 사람들을 모으시는 것을 "예리한 낫"을 휘둘러 곡식을 거두는 것으로 묘사하고 있습니다.14:16 이것은 이 세상 끝의 일이 아니고 지금 이미 벌어지고 있습니다. 다음과 같은 예수님의 말씀에서 이것을 확인할 수 있습니다.

> 너희는 넉 달이 지나야 추수할 때가 이르겠다 하지 아니하느냐 그러나 나는 너희에게 이르노니 너희 눈을 들어 밭을 보라 희어져 추수하게 되었도다 거두는 자가 이미 삯도 받고 영생에 이르는 열매를 모으나니 _ 요 4:35~36

이런 영생으로의 추수와 심판으로의 추수가 병행되고 있음을 그다음 장면이 보여주고 있습니다.14:17~20 포도송이를 거두어 포도주 틀에 넣고 밟는 것으로 이것을 상징합니다. 이것은 다음과 같은 요엘 3:13의 이미지를 빌려온 것입니다.

> 너희는 낫을 쓰라 곡식이 익었도다 와서 밟을지어다 포도주 틀이 가득히 차고 포도주 독이 넘치니 그들의 악이 큼이로다

이 추수를 "불을 다스리는 다른 천사"가 명했는데 8:3~5에 등장했던 천사입니다. 거기서 금 향로 안의 불을 땅에 쏟았던 그 천사입니다. 그때 그 불은 성도들의 기도와 합하여 형성된 불이었습니다. 즉, 교회

의 기도가 응답받아 심판이 온다는 것을 상징했는데, 여기서도 그 이미지가 재현되고 있습니다. 교회를 괴롭힌 이 세상이 심판을 당하는 장면입니다. "성 밖에서" 곧 교회 바깥세상에 임하는 심판입니다.14:20

심판의 격렬함을 "틀에서 피가 나서 말 굴레에까지 닿았고"라고 표현했습니다. 전쟁의 이미지입니다. 군사들이 흘린 피가 말의 입에 씌우는 굴레의 높이까지 찰 정도로 살육이 심한 것처럼, 교회 밖의 세상 사람들에게 무시무시한 심판이 임할 것을 말하고 있습니다.

그 피가 "천육백 스다디온"에 퍼졌다는 것은 심판이 온 세상 전체에 임한다는 상징입니다. 1,600은 4x4x100입니다. 4는 땅의 숫자이고 100은 이 세상을 가리키는 숫자입니다. 세상 일부분이 아니라 세상 전체가 하나님의 심판 가운데 있음을 이런 코드로 표현한 것입니다.

이렇게 영생으로의 추수와 심판으로의 추수가 지금 이 땅에서 벌어지고 있습니다. 이 세상 사람들은 누구나 다 이 둘의 갈림길에 서 있습니다. 지금 이 순간 하늘에 속할 것이냐 땅에 속할 것이냐, 마귀가 조종하는 거짓 종교에 속할 것이냐 영원한 복음을 소유한 교회에 속할 것이냐, 교회 안에 거할 것이냐 교회 밖에서 살 것이냐를 선택해야 합니다.

5부

용과 짐승과 거짓 선지자에게 임하는 심판

32 심판과 새로운 출애굽

15장과 16장은 일곱 대접의 심판에 관한 것입니다. 앞에서 살펴본 일곱 인과 일곱 나팔의 심판에 이어 등장하는 "마지막 재앙"입니다. 일곱 인과 일곱 나팔은 각각 4분의 1 심판과 3분의 1 심판, 이렇게 부분적인 심판을 상징했는데, 일곱 대접의 심판은 전체적인 심판을 상징합니다.

출애굽을 연상시키는 표현

일곱 대접의 심판은 '출애굽'의 이미지를 빌려와서 설명해나가고 있습니다. 우선 15장만 봐도 출애굽을 연상시키는 표현으로 도배해놓다시피 한 것을 알 수 있습니다. 다음과 같은 말들을 보면 감이 잡힙니다.

15:1 "재앙" – 출애굽 전의 '열 가지 재앙'에서 따왔음

15:2 "유리 바다" – 출애굽 이후 홍해 바다를 연상시킴

15:3 "모세의 노래" – 출애굽 이후 홍해를 건넌 이스라엘의 찬양

15:5~8 "증거 장막", "세마포 옷", "금 띠", "금 대접", "성전에 연기"
– 출애굽 이후 광야에 세워졌던 성막과 기구와 거기서 섬기던 제사장을 연상케 함

이런 출애굽의 이미지로, 이 세상에 하나님의 심판이 임하는 동시에 교회는 '새로운 출애굽' 의 경험을 한다는 것을 나타내고 있습니다. 애굽에 임한 무서운 심판이 이스라엘엔 해방을 의미했기 때문입니다.

유리 바닷가에서 부르는 어린 양의 노래

"짐승과 그의 우상과 그의 이름의 수를 이기고 벗어난 자들" 곧 666에 굴복하지 않은 교회가 기쁘게 찬양하는 장면이 등장합니다.15:2~4 이 세상에서는 심판이 벌어지는 가운데, 교회 안에서 경험되는 교회생활을 그리고 있습니다. 애굽의 바로에서 해방된 이스라엘의 이미지를 따와서 이것을 설명한 것입니다. 한쪽에서는 심판이 벌어지고 있기 때문에 그냥 '유리 바다' 라고 하지 않고 "불이 섞인 유리 바다 같은 것"이라는 표현을 사용한 것 같습니다. 이 세상은 살벌한 분위기이고 교회는 신나는 분위기임을 이렇게 대조해놓았습니다.

666을 이기고 벗어난 사람들이 "모세의 노래, 어린 양의 노래"를 부릅니다.15:3 이것은 출애굽기 15:1에 나오는 "이때에 모세와 이스라엘 자손이 이 노래로 여호와께 노래하니"에서 가져온 표현입니다. 홍해를 건넌 모세와 이스라엘이 해방의 기쁨을 노래한 장면입니다. 어린 양 예수 그리스도의 구속을 통해 승리한 교회 역시 해방의 감격을 찬송합니다. 교회가 새로운 이스라엘로서 새로운 출애굽을 한 존재임을 암시하고 있습니다. 1:5의 "우리를 사랑하사 그의 피로 우리 죄에서 우리를 해방하시고"라는 말씀 그대로입니다. 이렇게 교회생활을 출애굽의 이미지로 묘사한 것은 여기뿐만 아니라 요한복음을 비롯한 신약성경의 곳곳에 등장합니다.

심판은 돌이킬 수 없다

이제 하늘에 있는 "증거 장막의 성전"이 열리고 일곱 재앙을 가진 일곱 천사가 나타나면서 심판이 임박해왔음을 알립니다.15:5~6 이 천사들에게 "네 생물 중의 하나"가 "하나님의 진노를 가득히 담은 금 대접 일곱"을 줍니다.15:7 "네 생물 중의 하나"가 가담한 것을 볼 때 아마 이 세상이 하나님의 창조 목적을 거부하고 창조 질서를 파괴한 것에 대해 심판이 임한다는 것을 암시하는 것 같습니다.

이 금 대접의 심판이 돌이켜질 수 없음을 15:8의 "일곱 재앙이 마치기까지는 성전에 능히 들어갈 자가 없더라"라는 표현을 보면 알 수 있습니다. 이것은 이사야 6:3~4, 출애굽기 40:34~35, 열왕기상 8:11에서 따온 표현인데, 여기서는 아무도 성전 안에 들어가서 중보할 수 없음을 상징하고 있습니다. 이것이 마지막 심판이라는 사실을 강조한 것입니다. 진리를 거부하는 교회 밖의 사람들에겐 더는 기회가 없음을 말하고 있습니다.

일곱 대접 심판의 시작

드디어 일곱 대접을 차례로 쏟는 장면이 등장합니다.16:1 이하 처음 네 대접에 대해서는 21단원에서 네 나팔의 심판과 비교해서 설명했었습니다. 전부 출애굽기의 열 가지 재앙 중에서 빌려온 것입니다. 여기서 중요한 것은 이런 무서운 심판에도 이 세상 사람들이 회개하지 않는다는 사실입니다.16:9 열 가지 재앙이 임해도 회개하지 않았던 바로의 모습과 같습니다. 인생 속에서 아무리 많은 고통을 당해도 하나님을 찾지 않는 교회 밖의 이 세상 사람들을 가리킵니다. 그들에겐 바로처럼 더는 기회를 주지 않습니다.

짐승의 왕좌에 임하는 심판

다섯째 대접의 심판은 "짐승의 왕좌"에 임하는 심판입니다.16:10~11 짐승의 왕좌는 물론 이 세상을 통치하는 세력을 말합니다. 여기서 짐승의 나라가 어두워져서 사람들이 고통을 당하는 이미지는 출애굽기 10:21에서 따온 것입니다. 물론 이것은 하나님을 떠난 이 세상이 당하게 되는 영적인 고통의 극심함을 뜻합니다. 앞에서도 살펴본 다음과 같은 상태가 이런 심판의 심각성을 표현해주고 있습니다. 이 세상 사람들은 이런 심판이 내려도 바로처럼 회개하지 않습니다.

> 그러므로 하나님께서 그들을 마음의 정욕대로 더러움에 내버려 두사 그들의 몸을 서로 욕되게 하게 하셨으니…하나님께서 그들을 부끄러운 욕심에 내버려 두셨으니 곧 그들의 여자들도 순리대로 쓸 것을 바꾸어 역리로 쓰며 그와 같이 남자들도 순리대로 여자 쓰기를 버리고 서로 향하여 음욕이 불 일듯 하매 남자가 남자와 더불어 부끄러운 일을 행하여 그들의 그릇됨에 상당한 보응을 그들 자신이 받았느니라 또한 그들이 마음에 하나님 두기를 싫어하매 하나님께서 그들을 그 상실한 마음대로 내버려 두사 합당하지 못한 일을 하게 하셨으니 곧 모든 불의, 추악, 탐욕, 악의가 가득한 자요 시기, 살인, 분쟁, 사기, 악독이 가득한 자요 수군수군하는 자요 비방하는 자요 하나님께서 미워하시는 자요 능욕하는 자요 교만한 자요 자랑하는 자요 악을 도모하는 자요 부모를 거역하는 자요 우매한 자요 배약하는 자요 무정한 자요 무자비한 자라 롬1:24~31

33 아마겟돈, 그리고 바빌론의 심판

요한계시록에서 가장 오해되는 것 중의 하나인 "아마겟돈"에 대해 살펴볼 때가 되었습니다. 마지막 때 적그리스도에 의해 저 중동지방에서 아마겟돈 전쟁이 일어날 것이라고 믿는 사람들이 많이 있는데, 이것은 앞부분에서 설명했듯이 중동의 이스라엘이 아직도 하나님의 역사의 중심을 차지하고 있다는 착각에서 비롯된 것입니다. 아마겟돈에 관해 제대로 이해해서 이런 잘못된 종말사상을 떨쳐 버려야 합니다.

다시 등장한 유브라데

9:14의 여섯째 나팔 심판에 등장했었던 "큰 강 유브라데"가 여기 여섯째 대접 심판에 또다시 등장합니다.[16:12] 계시문학으로서의 요한계시록을 여기까지 읽었다면 뭔가 같은 얘기를 하려 한다는 것쯤은 감을 잡을 수 있을 것입니다. 이미 앞에서 설명했듯이, 유브라데 강은 그 당시 로마제국의 동쪽 최전방 국경선에 해당하였는데, 그 강 건너의 파르티아 제국 군대가 심심하면 쳐들어와서 쑥밭을 만들어놓았던 이미지를 빌려 어떤 영적인 사실을 말해주려고 하는 것입니다. 강물이 말랐다는 것은 홍해와 요단강이 갈라진 것에서 따온 이미지로써 그만큼 적군이 쉽게 쳐들어올 것을 의미하는데, 하나님의 심판이 무섭게 다가왔음을 암시하고 있습니다.

아마겟돈이란?

그 다음, "개구리 같은 세 더러운 영"이 세상 왕들을 조종해서 아마겟돈으로 모으는 장면이 나타납니다.16:13~16 여기서 우선 오해되는 "아마겟돈"이 무엇인지에 대해 확실히 이해해야 합니다. 아마겟돈은 히브리어로 '므깃도 산' 이라는 뜻으로 므깃도 광야 옆의 갈멜산을 지칭하기도 합니다.

므깃도는 이스라엘 나라가 세워지기 한참 전부터 중요한 요새요 격전지였습니다. 즉, 므깃도를 차지하는 나라가 무역과 전쟁의 우위를 차지하는 전략 요충지였습니다. 그래서 역사상 수많은 전쟁이 이 므깃도를 중심으로 벌어졌습니다. 구약성경만 봐도 이 므깃도에서 드보라와 바락이 가나안 왕들과 일전을 치렀고, 유다 왕 아하시야가 싸우다 죽은 곳 이곳입니다. 유다 왕 요시야도 역시 여기서 싸우다 죽었습니다. 엘리야와 바알 선지자들이 겨뤘던 곳도 므깃도 산이었습니다.

그러므로 므깃도라는 말은 '격렬한 전쟁' 의 대명사입니다. 유럽 사람들에게 있어 '워털루' 같은 말이나 미국 사람들에게 있어 '남북전쟁' 같은 의미입니다. '어제 우리 옆집에서 6.25 사변이 벌어졌어' 라고 할 때 우리 한국 사람은 금방 무슨 뜻인지를 아는 것과 같습니다. 그 말을 듣고 '아, 북한 공산주의자인 남편과 남한 자유민주주의자인 아내가 싸웠구나!' 라고 할 사람은 없을 것입니다. 이런 상황에서 쓰는 '6.25 사변' 이라는 표현은 우리 한국 사람에게 있어 격렬한 싸움의 상징이기 때문입니다. 여기서 "아마겟돈"이 바로 이런 식으로 표현된 것입니다. 앞으로 중동에서 벌어질 3차 세계 대전을 말하는 것이 아니고, 언제 어디서나 벌어지는 영적 전쟁을 이렇게 코드로 표현한 것입니다.

영적 전쟁으로서의 아마겟돈

여기서 세상 왕들을 조종해서 전쟁을 일으키는 존재가 있는데 그것을 "개구리 같은 세 더러운 영"이라고 했습니다. 개구리는 레위기 10:10~11에 더러운 동물로 규정되어 있습니다. 그러므로 귀신의 영이 더럽다는 것을 강조한 것입니다. 그런데 개구리 같은 영이 세 개가 모여 있습니다. 앞에서 등장했던 용과 짐승과 거짓 선지자입니다. '더러운 영 삼위일체(?)' 라고 할 수 있습니다. 일치단결해서 예수 그리스도와 교회를 대적하는 악의 세력을 말합니다.

재미있는 것은 "유브라데"나 "아마겟돈"을 마지막 때 있을 실지 현상과 결부시키는 종말론자들도 "개구리 같은 세 더러운 영"이나 "용"이나 "짐승"은 상징이라고 하는 사실입니다. 이것이 바로 그들의 주장이 맞지 않음을 드러내는 증거입니다. 모두 다 실지 현상이든지, 아니면 모두 다 상징이든지 해야지, 같은 장면에서 어떤 것은 실지 현상이고 어떤 것은 상징이라는 해석이야말로 억지임을 드러내는 것입니다.

이 더러운 영이 온 세상을 미혹하려고 이적을 행합니다.16:14 이 세상 사람들이 진리에 이르지 못하도록 철저하게 현혹해 교회를 상대로 싸우게 합니다. 이것이 바로 아마겟돈이요, 교회가 이 땅에 있는 동안 항상 벌어지는 영적 전쟁입니다. 그리고 교회는 예수 그리스도의 승리로 말미암아 꼭 승리하므로 이것이 교회의 원수들에게는 무서운 심판이 됩니다. 이들이 당하는 심판의 내용은 나중에 나옵니다.

이런 영적 전쟁 중에 교회가 어떤 태도를 보일 것인지에 대한 권면이 삽입되어 있습니다.16:15 악의 세력이 아무리 교회를 공격해도 깨어 있으라는 것입니다. 그렇게 깨어 있는 교회는 항상 오시는 예수님을 경험하게 됩니다. 여기서 주님이 "도둑 같이" 오신다는 것은 이 세상 마지막에 재림하신다는 뜻보다는 항상 오신다는I am coming 것을 강조한 말 같습니다(물론 앞으로 재림하시겠지만 3:3에서 하신 말씀의 의미일 것임).

바빌론에 임하는 심판

일곱째 대접은 "공중"에 쏟아집니다.16:17 이것은 아마 "공중의 권세 잡은 자"엡2:2에 대한 심판인 것 같습니다. 마귀를 말합니다. 그래서 마귀의 조종을 받은 거짓 종교인 "큰 성 바빌론"이 멸망하고야 맙니다. 도저히 망할 것 같지 않은 "큰 성"이 멸망했다는 것입니다. 이 말은 조롱이 섞인 표현입니다. '너 크다면서?' 라는 뜻이 숨어 있는 말입니다. 앞으로 계속해서 이 조롱 섞인 표현이 등장합니다.17:5, 18; 18:2, 10, 16, 18, 19, 21 고로, 일곱째 대접 심판이 17장 이후로도 계속 연결됩니다.

아주 무겁고 큰 우박이 이 세상 사람들에게 떨어집니다.16:21 출애굽기 9장의 애굽에 내린 일곱 번째 재앙에서 빌려온 이미지입니다. 역시 심판의 극심함을 표현한 말입니다. 이렇게 바빌론이라는 거짓 종교에 의해 미혹된 사람들에게 하나님의 심판이 임합니다. 그렇지만, 바로처럼 회개하지 않고 하나님을 비방합니다. 이런 그들에게 더는 기회를 주지 않습니다.

34
음녀에게 임하는 심판

17:1에서 "일곱 대접을 가진 일곱 천사 중 하나가 와서 내게 말하여 이르되"라고 한 것을 볼 때, 앞으로 펼쳐질 내용은 일곱 대접 심판의 연장선에 있음을 알 수 있습니다. 더는 기회가 없는 완벽한 심판이 계속 되는 것입니다.

심판받을 음녀의 정체

"많은 물 위에 앉은 큰 음녀"가 등장합니다.[17:1] "많은 물"이 상징하는 바를 17:15에 해석해주었습니다. 역시 4라는 코드로 이 세상 모든 사람을 지칭하고 있습니다. 이 음녀의 이마에 기록된 이름이 "큰 바벨론"인 것을 볼 때 이것이 세상 사람들의 배후에서 조종하는 거짓 종교임을 금방 알 수 있습니다. 16:13의 "거짓 선지자"와 16:19의 "큰 성 바벨론"이 바로 이 음녀인데, "땅의 왕들을 다스리는 큰 성"이라고 확인해주고 있습니다.[17:18]

여기서 거짓 종교를 "음녀"라고 표현한 것은 12:1의 빛으로 치장한 "여자"인 교회와 대조시킨 것입니다. 또 21장에 등장할 어린 양의 "신부"인 교회와도 대조되는 표현입니다. 영광스러운 교회의 반대편에 있는 더러운 여자의 이미지입니다. 17:4에 보면, 음녀가 영광스러운 교회를 흉내 내어 나름대로 꾸민답시고 꾸민 모습이 나옵니다. 하지만, 겉으로는 보석으로 꾸몄지만 실은 가증스럽고 더럽기 짝이 없는 존재가 바로 거짓 종교라는 말입니다. 영광스러운 교회와 비교도 되지 않는데도 이 세상이 눈이 멀어 거짓 종교에 속아 넘어갑니다.17:2 그리고 이 거짓 종교가 교회를 이기는 것처럼 보입니다.17:6

음녀의 이마에 "큰 바빌론"이라는 이름이 기록되어 있는데,17:5 이것은 교회가 이마에 하나님의 인침을 받았다는 것을 흉내 낸 것입니다.7:3; 9:4; 14:1; 22:4 이 음녀가 베일 싸인 존재이므로 "비밀"이라고 했습니다. 이제 이 비밀이 차차 밝혀집니다.17:7

당연한 질문

음녀가 "붉은 빛 짐승"을 탔다고 했는데,17:3 이 짐승은 바로 13:1에 등장했던 그 짐승입니다. 머리가 일곱이고 뿔이 열인 짐승 곧 이 세상의 파워를 상징합니다. 따라서 음녀가 짐승을 탔다는 것은 거짓 종교가 이 세상을 조종한다는 뜻입니다. 이 짐승을 탄 음녀가 "광야"에 있다는 것은 12장에서 여자가 광야로 갔다는 것을 상기시켜주고 있습니다. 즉, 교회와 거짓 종교가 지금 이 세상에 공존하고 있음을 그렇게 표현한 것 같습니다.

그런데 여기서 짐승을 탄 음녀를 보고 있던 요한이 갑자기 매우 놀라버렸습니다.17:6 왜냐하면, 음녀가 "성도들의 피와 예수의 증인들의 피"에 취했기 때문입니다. 요한이 놀랄 수밖에 없었던 것이, 17:1에서 음녀의 받을 심판을 보여주겠다고 해놓고서 음녀가 교회를 핍박하고 이기는 장면이 펼쳐지고 있었기 때문입니다. 지금 밧모섬에서 귀양살이 하는 요한에게는 교회의 거취가 가장 큰 관심사인데, 어찌 이런 일이 있을 수가 있느냐는 것입니다. 교회가 거짓 종교에 저렇게 당하고 끝날 것이냐는 것입니다.

이것은 요한뿐만 아니라 오늘날 우리도 종종 헷갈려서 품을 수 있는 의문입니다. 어째서 교회는 이 세상에서 요 모양 요 꼴 밖에는 되지 않을까? 세상은 이토록 막강한데 교회는 너무 미약하지 않은가? 왜 하나님은 경천동지할 기적을 베푸셔서 교회가 이 세상을 압도하게 하시지 않는가? 이것은 예수님께서 지상에 계셨을 때 고통당하시고 결국 십자가에서 힘없이 돌아가셨던 것을 바로 볼 수 있는 영적인 눈이 떠지기 전에는 절대 해결되지 않습니다. 하나님의 눈으로 볼 때에만 그 실체가 보이게 됩니다.

짐승에게 얽힌 비밀

요한이 헷갈려서 놀라자 천사가 요한을 나무라면서 여자와 짐승의 비밀을 밝혀줍니다.[17:7] 이 짐승이 "전에 있었다가 지금은 없으나 장차 무저갱으로부터 올라와 멸망으로 들어갈 자"라는 것입니다(17:8). 이것은 짐승이 하나님을 흉내 내는 것입니다. 1:4의 "이제도 계시고 전에도 계셨고 장차 오실 이"이신 하나님을 대신하려는 이 세상의 파워를 말합니다. '전에 있었다가 지금은 없다' 는 것은 마귀의 세력이 예수님 오시기 전엔 인간들을 마음껏 가지고 놀았는데, 이제 예수님의 성육신과 십자가와 부활과 승천으로 말미암아 그 힘이 크게 위축되어 무기력해졌음을 상징하는 것입니다. 이런 상태를 '무저갱에 갇혔다' 라고 합니다. 하나님의 눈으로 보면 마귀는 무저갱에 갇힌 존재인 동시에 무저갱으로부터 올라와 멸망 당할 존재입니다.[17:8]

그럼 지금 이 마귀의 세력에 놀아날 자들은 누구입니까? "땅에 사는 자들로서 창세 이후로 그 이름이 생명책에 기록되지 못한 자들"입니다. 이들이 마귀의 조종을 받는 이 세상의 파워에 압도되어 굴복합니다. 그 능력에 놀라버립니다. '하늘에 거하는 자들' 인 교회의 밖에 있는, 하나님의 생명이 없는 이 세상 사람들입니다.

영적 지혜가 있는 사람은 일곱 머리가 "여자가 앉은 일곱 산"이며 또 "일곱 왕"이라는 것을 금방 파악합니다.17:9 "일곱 산"이라고 하니까 '로마가 일곱 개의 언덕 위에 건설되었으므로 이것은 로마를 말한다' 라는 주장도 있는데, 역시 계시문학 코드를 무시한 해석입니다. 계속 7이라는 숫자 코드를 사용하고 있음을 주목해야 합니다. 산은 계시문학에서 '능력 또는 힘'을 상징하므로 "일곱 산"은 '완전한 힘' 곧 "일곱 머리"와 "일곱 왕"으로 표현된 막강한 능력을 지닌 세상 나라를 상징하는 말입니다. 물론 요한 당시는 로마제국으로 그 모습을 드러냈었습니다.

그 나라가 그 나라

이런 세상의 파워는 형태만 바뀔 뿐이지 계속 다른 모습으로 나타납니다.17:10 이것은 로마제국도 될 수 있고, 오트만제국도 될 수 있고, 미국도 될 수 있습니다. 13:3에서 살펴본 것처럼 없어진 듯하다가 또 나타나는 이 세상 나라들입니다. 애굽, 앗수르, 바빌론, 페르시아, 헬라, 시리아, 로마 등 껍데기만 바뀌고 다시 등장하는 것이 이 세상의 파워라는 말입니다. 새로운 막강한 나라가 나타나서 잠깐 주목을 받지만, 알고 보면 이전의 다른 나라들과 거기서 거기입니다. 고대에도, 근대에도, 현대에도 이것은 마찬가지입니다. 중국에서도 진나라, 한나라, 수나라, 당나라, 송나라, 원나라, 명나라, 청나라 등 우리 한반도 안에서도 고구려, 백제, 신라, 후삼국, 고려, 조선 등 다 비슷비슷한 나라들이었습니다. 이것이 "전에 있었다가 지금 없어진 짐승은 여덟째 왕이니 일곱 중에 속한 자라"의 의미인 것 같습니다.17:11

"열 뿔"은 인간 능력의 극치를 상징합니다.(숫자코드 10) 아직 그 능력이 최고조에 이르지 못했지만 결국 악의 세력이 총집결합니다.17:12~13 그러나 아무리 합심해서 위세를 떨쳐봤자 그들의 운명은 17:14 이하에서 결판나고 맙니다. 그러므로 이런 운명의 세상 파워를 좇아 인생을 낭비하는 것이 얼마나 어리석은 일인지를 알아야 합니다. 또 기독교 역사상 이런 세상 파워에 기대어 교회를 발전시키려 했던 경우가 많이 있었는데 이것이 얼마나 헛된 것인지를 깨달아야 합니다. 결국, 다 심판받게 됩니다.

어린 양과 그와 함께 있는 자들의 승리

17:14은 이 세상 파워가 어린 양인 그리스도를 상대로 싸워봤자 패배당하고 만다는 것을 말해줍니다. 왜 상대가 되지 않습니까? 예수 그리스도가 "만주의 주시요 만왕의 왕"이시기 때문입니다. 이것은 신명기 10:17의 "여호와는 신 가운데 신이시며 주 가운데 주"에서 따온 표현입니다. 이 세상의 다른 어떤 권세도 예수님 앞에서는 무력하기 짝이 없다는 말씀입니다.

그런데 중요한 것은 예수님만 승리하시는 것이 아니라 "그와 함께 있는 자들"도 승리합니다. 누구입니까? "곧 부르심을 받고 택하심을 받은 진실한 자들"인 교회입니다. 예수님과 한 운명인 교회가 예수님의 승리에 동참하는 것은 당연합니다. 이것이 앞에서 헷갈려서 놀랐던 요한에게 주신 주님의 대답입니다. 이것이 주님께서 보시는 교회의 현주소입니다. 또한, 오늘날 세상의 파워에 기대지 않고 참 교회로 살아가는 사람들의 현주소이기도 합니다.

자멸하는 악의 세력

음녀와 짐승은 같은 편인데 17:16에 보면 열 뿔과 짐승이 음녀를 미워하여 멸망시키는 장면이 나옵니다. 통쾌한 장면입니다. 어떻게 이

럴 수가 있습니까? 요한이 앞에서 본 것은 거짓 종교가 교회를 핍박하고 승승장구하는 장면이었는데, 자기편에 의해 멸망을 하니 무슨 일입니까? 자멸하는 악의 세력을 말하는 것입니다. 마귀의 진영은 스스로 망하는 법입니다. 왜냐하면, 전부 다 하나님 손안에 있기 때문입니다. 자기 맘대로 하는 것 같지만 다 하나님께서 주시는 것입니다.[17:17] 하나님께서 악의 세력으로 하여금 제 꾀에 제가 빠지게 하십니다. 언제까지 제 맘대로 하게 놔두십니까? "하나님의 말씀이 응하기까지" 그렇게 하십니다. 즉, 하나님께서 계획하신 목적이 다 이루어지기까지 허락하실 뿐입니다.

이것을 알게 되면 환경 때문에 시험 들고, 조급하고, 짜증 내고 하는 것들이 사라지고 모든 것을 하나님께 맡기고 느긋하게 하나님께서 하시는 일을 바라보며 동참할 수 있습니다. 이게 바로 교회가 걸어갈 길입니다.

35
바빌론 멸망의 노래

18장은 구약성경에 나오는 '멸망의 노래'로 거짓 종교인 바빌론의 멸망을 그린 것입니다. "큰 성"이라는 표현이 계속 나오는데, 이것은 '크다고 잘난 체하더니 꼴 좋다!'라는 뜻이 내포된 말입니다. 그러므로 교회인 우리는 악의 세력이 막강하다고 주눅이 들 필요 없습니다. 하나님의 눈에 교회는 그리스도와 함께 이미 승리했고 왕 노릇하고 있습니다. 이것을 경험해야 합니다.

무너진 바빌론

18:2을 이사야 21:9과 비교해보면 이 표현이 거기서 빌려온 것임을 금방 알 수 있습니다. 14:8에도 이미 등장한 표현입니다.

> 무너졌도다 무너졌도다 큰 성 바빌론이여 귀신의 처소와 각종 더러운 영이 모이는 곳과 각종 더럽고 가증한 새들이 모이는 곳이 되었도다 _계18:2

> 함락되었도다 함락되었도다 바빌론이여 그들이 조각한 신상들이 다 부서져 땅에 떨어졌도다 _사21:9

이 세상의 거짓 종교는 하나님의 눈에 구약시대의 바빌론처럼 이미 멸망했습니다. 예수 그리스도의 성육신, 십자가, 부활, 승천이 그렇게 만들었습니다. 그러므로 거짓 종교는 이런 믿음으로 살아가는 교회는 절대로 건드릴 수 없습니다. 교회 밖의 이 세상 사람들을 농락할 뿐입니다.[18:3]

교회를 향한 권면

앞에서도 심판의 중간 중간에 교회를 향한 권면이 있었는데 여기 또 등장합니다.[18:4] 교회는 하나님의 부르심을 받고 택하심을 받은 존재이므로[17:14] 이 세상과 구별되게 살라는 권면입니다. 이것은 예레미야의 다음 두 구절을 배경으로 한 것입니다.

> 바빌론 가운데서 도망하여 나와서 각기 생명을 구원하고 그의 죄악으로 말미암아 끊어짐을 보지 말지어다 _렘51:6

> 나의 백성아 너희는 그 중에서 나와 각기 여호와의 진노를 피하라 _렘 51:45

이 세상 시스템에는 거짓 종교의 입김이 곳곳에 숨어 있으므로 우리는 교회로서 그것을 잘 분별해야 합니다. 예수 그리스도의 참 교회 안에서는 아무리 좋아 보이고 효과적이라 할지라도 세상의 원리와 가치관이 발붙일 틈도 주지 말아야 합니다. 그것은 하나님께서 이미 심판하신 것이기 때문입니다.[18:5~8] 절대로 멸망 당하지 않을 것 같았는데 "하루 동안에", "한 시간에" 끝장나는 것이 이 세상을 지배하는 종교 사상입니다. 우리도 이런 하나님의 시각으로 모든 것을 봐야 합니다.

에스겔을 배경으로 한 슬픔의 노래

18:11~19은 에스겔 27장과 28장을 배경으로 한 것입니다. 그 당시 이스라엘의 서북쪽에 있었던 두로는 해양무역의 중심지로 많은 배를 소유하고 장사를 해서 떼돈을 벌었었는데, 하나님 노릇을 하며 하나님을 대적한 죄로 말미암아 하루아침에 멸망 당할 것을 예언하며 노래한 것이 에스겔 27장과 28장입니다. 이것을 빌려와서 거짓 종교의 멸망을 그린 것이 18:11~19입니다. 왕성했던 두로가 졸지에 망했듯이 잘 나가던 거짓 종교인 바빌론도 삽시간에 망한다는 내용입니다. 불타는 연기를 보고 "이 큰 성과 같은 성이 어디 있느냐"라며 울며 애통해 하는 장면이 이를 대변해주고 있습니다.[18:18~19] 교회는 하나님의 눈에 이렇게 거짓 종교가 심판받았음을 알고 즐거워해야 합니다.[18:20]

완전한 멸망

거짓 종교인 바빌론이 얼마나 철저히 멸망했나를 보여주는 장면이 나타납니다. "큰 맷돌 같은 돌"이 바다에 던져지듯 바빌론의 운명도 그렇다는 것입니다.[18:21] "결코, 다시 보이지 아니하리로다"가 완전한 멸망을 설명해주고 있습니다. 이 맷돌의 이미지는 예레미야 51:63~64에서 가져온 것입니다.

18:22~23은 바빌론이 철저하게 멸망 당했음을 "다시"라는 말을 반복해서 사용함으로 확인해주고 있습니다. 더는 기회가 없다는 뜻입니다. 하나님의 심판의 완전함을 암시하는 말입니다. 18:22~23내용은 다음과 같은 예레미야의 예언에서 빌려온 것입니다.

> 내가 그들 중에서 기뻐하는 소리와 즐거워하는 소리와 신랑의 소리와 신부의 소리와 맷돌 소리와 등불 빛이 끊어지게 하리니_ 렘25:10

바빌론이 심판당한 이유

거짓 종교가 심판당한 이유는 무엇보다도 교회를 핍박했기 때문입니다.18:24 이 세상 나라들을 동원해서 하나님의 백성을 짓밟았기 때문에 심판을 받을 수밖에 없습니다. 역사상 이 세상의 종교가 참 교회를 핍박하여 피를 흘리게 했습니다. 황제숭배라는 이름으로, 유대교라는 이름으로, 이슬람이라는 이름으로, 심지어는 기독교라는 이름으로 참 교회를 박해했는데, 하나님께서는 이것을 다 알고 계십니다. 그래서 거짓 종교는 하나님의 눈에 이미 심판을 당했습니다. 그러므로 교회도 하나님의 눈으로 보며 어떤 핍박도 견뎌내야 합니다.

36
하늘에 속한 자들의 찬양

장면이 바뀌어 "하늘에 허다한 무리의 큰 음성"이 찬양을 합니다(19:1). "할렐루야"라는 말이 네 번 나오는데 이것은 신약성경에서 여기에만 등장하는 말입니다. 할렐루야라는 말이 등장하는 구약성경의 시편을 따른 것입니다.[시106, 111~113, 115~117, 146~150]

하나님의 심판의 정당성을 노래함

이 찬양은 하나님께 "구원과 영광과 능력"이 있음을 노래하며 시작합니다.[19:1] 세 가지로 표현한 것은 3이 '신성'을 뜻하는 숫자이기 때문입니다. 하나님께 합당한 영광을 돌린다는 뜻입니다.

그다음, 앞의 18장에서 있었던 음녀가 받은 심판의 정당성을 노래합니다.[19:2] 18:24에서 살펴본 바와 같이, 거짓 종교가 교회를 탄압했기 때문에 하나님께서 다 갚아주신다는 것을 여기서 노래로 다시 한 번 확인해주고 있습니다. 그리고 아주 비참한 장면이 펼쳐집니다. 불에 탄 음녀의 연기가 영원토록 올라가는 광경을 그리고 있습니다.[19:3] 마치 소돔과 고모라에 유황불 심판이 내려서 그 연기가 위로 올라갔듯이 거짓 종교에 가해진 무서운 심판을 상징하고 있습니다.

이에 교회와 이 세상 만물이 화답하는데,[19:4] 여기서 교회가 하늘과 땅에 동시에 존재하고 있음을 암시하고 있습니다. 하나님의 생명을 가진 교회도 하나님처럼 시공을 초월하는 존재이기 때문입니다. 지금 우리가 그리스도 안에서 사는 것은 곧 앞으로 올 세상을 지금 사는 것입니다. 이 진리는 요한복음 전체에서 강조하고 있는데 이것이 복음의 핵심입니다.

어린 양의 혼인 잔치에 대한 예고

음녀가 심판을 당해서 부르는 찬양에 이어, 이제 어린 양의 혼인을 기뻐하는 찬양이 펼쳐집니다.19:6~8 예수 그리스도와 교회의 하나 됨을 기뻐하며 노래하는 것입니다. 사도 바울이 에베소서 5장에서 말한 그리스도와 교회의 연합, 곧 하나님의 영원한 목적을 노래하고 있습니다.

이제 어린 양 그리스도의 아내인 교회가 준비되었습니다.19:7 예나 지금이나 결혼식에서 가장 돋보이는 것은 신부의 옷인데, 그리스도의 신부가 결혼예복을 입었습니다. "빛나고 깨끗한 세마포 옷", 즉 예수 그리스도에 어울리는 준비된 신부가 교회임을 말하고 있습니다.19:8 이 어울리는 웨딩드레스가 바로 "성도들의 옳은 행실"입니다. 17:4의 음녀의 치장과 대조적입니다. 그런데 이런 교회에 주신 신부의 예복은 다 하나님께서 주신 것입니다. 성도들 스스로 만들어낸 것이 아니고 옳은 행실은 하나님께서 주시는 것입니다. "허락하셨으니"가 바로 그것을 말해줍니다. 우리가 선하게 살려고 노력해서 되는 것이 아니고, 이렇게 주님께서 다 준비시켜주십니다. 그래서 사도 바울이 다음과 같이 말했던 것입니다.

> 남편들아 아내 사랑하기를 그리스도께서 교회를 사랑하시고 그 교회를 위하여 자신을 주심 같이 하라 이는 곧 물로 씻어 말씀으로 깨끗하게 하사 거룩하게 하시고 자기 앞에 영광스러운 교회로 세우사 티나 주름

잡힌 것이나 이런 것들이 없이 거룩하고 흠이 없게 하려 하심이라 _엡 5:25~27

여기서 혼인 잔치는 미래에 있을 어떤 잔치를 말하는 것이 아니라 지금 경험해야 할 교회생활을 가리킵니다. 요한계시록은 미래에 있을 일을 쓴 것이 아니라 지금 이 땅에서부터 시작되어 영원토록 계속될 일에 대한 것입니다. 그러므로 이 혼인 잔치는 예수 그리스도와 교회가 하나가 되는 사랑의 교제를 뜻합니다. 이것은 요한복음 17장의 예수님의 기도에 잘 나타나 있습니다. 또 요한 1서의 다음과 같은 말씀도 맥을 같이합니다.

태초부터 있는 생명의 말씀에 관하여는 우리가 들은 바요 눈으로 본 바요 자세히 보고 우리의 손으로 만진 바라 이 생명이 나타내신 바 된지라 이 영원한 생명을 우리가 보았고 증언하여 너희에게 전하노니 이는 아버지와 함께 계시다가 우리에게 나타내신 바 된 이시니라 우리가 보고 들은 바를 너희에게도 전함은 너희로 우리와 사귐이 있게 하려 함이니 우리의 사귐은 아버지와 그의 아들 예수 그리스도와 더불어 누림이라 _요일1:1~3

혼인 잔치의 식탁 교제

19:7~8의 혼인은 교회 공동체에 초점을 맞추었는데 19:9은 교회의 성도 개개인이 혼인 잔치에 온 것으로 묘사되어 있습니다. 교회를 이루는 지체들이 예수님과 교제하는 것을 상징하는 것입니다. 여기서 "혼인 잔치"는 더 정확히 번역하면 '혼인 잔치의 식사'라고 해야 합니다. 혼인 잔치 중의 식탁 교제를 뜻합니다. 예수님께서 종종 복음서에

서 말씀하신 '하나님 나라의 식탁 교제' 가 바로 이것을 말합니다. 이것도 역시 예수님과 사랑의 교제를 나누는 교회생활을 말합니다.

천사숭배에 대한 경고

요한이 그에게 메시지를 전한 천사의 발아래 엎드려 경배하려 했을 때 천사의 반응을 기록했습니다.19:10 이것을 기록한 이유는 아마 그 당시의 교회 안팎의 상황과 관계가 있을 것입니다. 교회가 외부적으로는 로마제국의 핍박에 시달렸고, 내부적으로는 교회를 어지럽히는 잘못된 사상에 시달리고 있었습니다. 영지주의 사상인데, 이 영지주의의 문제 중 하나가 천사숭배였습니다.

이런 천사숭배는 그들의 구원론과 관련이 있습니다. 그들은 선한 영혼이 악한 육체에 갇혀 있으므로 이 영혼을 육체에서 구출하는 것이 영혼 구원이라고 믿었습니다. 그리고 육체에서 영혼을 구출하는 데 꼭 필요한 것이 특별한 지식인데, 이 지식은 신비한 경험으로부터 오는 것이고, 이 경험은 천사들과의 교통을 통해서 온다고 믿었습니다. 말도 안 되는 사상인데도 그 당시에 점점 퍼지기 시작했습니다. 이 사상은 유대교와 신비 종교, 헬라 사상 등이 합성된 것입니다. 이런 거짓 교리가 교회를 어지럽히기 시작한 것이 1세기 말의 상황입니다. 교회를 이 세상과 타협하게 하는 원흉이었습니다.

이것은 일찍이 사도 바울 당시에도 비슷하게나마 있었던 사상입니다. 그래서 바울이 골로새서 2:18~19에서 이것에 대해 경고했었습니다.

> 아무도 꾸며낸 겸손과 천사 숭배를 이유로 너희를 정죄하지 못하게 하라 그가 그 본 것에 의지하여 그 육신의 생각을 따라 헛되이 과장하고

머리를 붙들지 아니하는지라

이런 사상이 요한 당시에는 더욱 널리 퍼진 것 같습니다. 그래서 요한이 이것에 대한 경고를 19:10에 했으면서도 나중에 다시 한 번 더 언급하면서 강조합니다.22:8~9 하나님과 그리스도 외에 어떤 영적 존재나 인간은 숭배의 대상이 될 수 없다는 것입니다. "예수의 증거는 예언의 영이라"19:10 오직 예수님의 증거만이 예언의 핵심이라는 뜻입니다. 무슨 천사와의 교통을 통해 천사의 말을 들으려 하지 말고 예수님의 말씀에만 귀를 기울이라고 한 것입니다. 오늘날 교회 공동체를 통한 예수님과의 인격적인 교제에는 관심이 없이 개인적인 신비한 체험을 추구하는 사람들이 꼭 귀담아들어야 할 말씀이라고 생각됩니다.

37
승리자 그리스도

하늘이 열리고 "백마와 그것을 탄 자"가 나타납니다.[19:11] 문맥을 보면 이 백마 탄 자는 물론 예수 그리스도입니다. 흰 색깔은 '승리'를 상징합니다. 승리자로서의 예수님을 그리고 있음을 알 수 있습니다.

백마 탄 자의 모습

백마 탄 자의 이름이 "충신과 진실"faithful and true이라고 했습니다.[19:11] 예수님의 믿음직하고 거짓 없이 진실함을 나타내는 말입니다. 예수님은 절대적으로 믿을 수 있는 분이고 그분의 말씀은 꼭 이루어진다는 뜻입니다. 그래서 예수님은 공정하게 심판하십니다.

예수님의 눈이 "불꽃"같다는 것[19:12]은 이미 1:14과 2:18에 등장했던 표현입니다. 예수님께서 모든 것을 감찰하는 능력을 갖추셨음을 나타내는 말입니다. 그래서, 예수님은 그런 능력으로 정확하게 판단하셔서 공정한 심판을 하십니다. 이런 능력을 갖춘 예수님을 속일 수 없고, 또 피할 수도 없습니다. 이런 예수님 앞에 항복할 수밖에 없습니다.

머리에 "많은 관들"이 있다는 것은 예수님께서 모든 권세를 갖고 통치하신다는 뜻입니다. 예수님이 왕이시기 때문입니다. "이름 쓴 것 하나가 있으니 자기밖에 아는 자가 없고"라는 표현은 예수님 자신 이외에는 예수님 자신의 존재의 비밀을 알 수 없다는 뜻인 것 같습니다. 즉, 예수님은 초월적인 분이십니다. 인간의 차원을 뛰어넘는 분이십니다.

싸워 이기는 백마 탄 자

백마 탄 자는 "피 뿌린 옷"을 입고 있습니다.19:13 이것은 이사야 63:1~3을 배경으로 한 것입니다. 여기서 피를 뿌렸다고 하니까 예수님의 십자가 희생을 금방 연상할 수도 있지만, 지금 이 장면은 전쟁에서 싸우는 이미지임을 알아야 합니다. 이것은 적과의 싸움에서 적을 칼로 베어 쓰러뜨렸을 때 적에게서 뿜어져 나오는 피에 옷을 적셨다는 뜻입니다. 사극의 전쟁 장면에서 많이 볼 수 있는 광경입니다. 승리하시는 그리스도를 상징하는 것입니다.

이런 승리의 원동력은 실지의 칼이 아니라 "하나님의 말씀"입니다. 그래서 요한복음 1:1에서 예수님을 표현할 때 "태초에 말씀이 계시니라 이 말씀이 하나님과 함께 계셨으니 이 말씀은 곧 하나님이시니라" 라고 한 것이고, 요한 1서 1:1에서도 예수님을 "태초부터 있는 생명의 말씀"으로 소개한 것입니다. 그래서, "그의 입에서 예리한 검이 나오니"라고 했습니다.19:15 1:16에서 이미 묘사했던, 말씀의 위력을 지니신 예수님의 모습입니다. 따라서 예수님은 승리하실 수밖에 없습니다.

예수님은 이런 능력으로 만국을 치고 "철장으로" 다스리십니다. 이것은 시편 2편에서 빌려온 것으로 메시아로서 통치하시는 그리스도를 상징합니다. 또 하나님의 "맹렬한 진노의 포도주 틀"을 "친히" 밟는다는 것은 창조주 하나님과 동등하신 심판주로서의 예수님을 뜻합니다. 그래서 예수님을 17:14에 이어 다시 한 번 "만왕의 왕이요 만주의 주"로 소개하고 있습니다.19:16 이 이름이 "그 옷과 그 다리"에 기록되어 있다는 것은 싸워 이기시는 예수 그리스도가 온 우주의 통치자라는 것이 만방에 알려진다는 뜻입니다. 말을 타고 있을 때 제일 잘 보이는 부분이 옷과 다리이기 때문입니다. 예수님은 이렇게 전권을 갖고 승리하시는 분입니다.

백마 탄 하늘의 군대들

이 장면에 백마 탄 자와 함께 등장하는 "하늘에 있는 군대들"이 있습니다.19:14 이들이 누구입니까? 이들을 천사들이라고 주장하기도 하지만 이런 해석은 요한계시록의 흐름에 어울리지 않습니다. 이들이 예수님과 똑같은 백마를 탄 것을 볼 때 예수님과 함께 승리한 자들인 것이 분명합니다. "그를 따르더라" 즉 이들은 "어린 양이 어디로 인도하든지 따라가는 자"이고,14:4 "그(어린 양)와 함께 있는 자들"입니다.17:14 예수 그리스도의 참 교회를 말하는 것입니다. 앞에서 이미 살펴본 것과 같이 예수님과 함께 승리하며 왕 노릇 하는 존재가 바로 교회이기 때문입니다.

백마를 탄 하늘의 군대들이 교회를 상징한다는 것은 그들이 "희고 깨끗한 세마포 옷"을 입은 것을 볼 때 더욱 분명합니다. 지금 이 장면은 어린 양의 아내가 "빛나고 깨끗한 세마포 옷"을 입고19:8 혼인 잔치를 준비하는 장면 바로 뒤에 등장합니다. 앞에서는 어린 양의 신부의 모습으로, 여기서는 하늘 군대의 모습으로 상징하고 있을 뿐, 둘 다 예수 그리스도와 한 운명인 교회를 말하는 것입니다. 앞에서는 예수님의 사랑을 받는 교회를, 여기서는 예수님의 승리에 동참하는 교회를 강조하고 있습니다. 교회가 어떤 존재인지 더 확실해졌습니까?

짐승의 세력과의 싸움에서 승리하는 백마 탄 자와 그의 군대

짐승으로 상징되는 이 세상 파워와 뒤에서 조종하는 거짓 종교가 예수 그리스도에게 패배하고 심판받는 것을 상징적으로 그린 장면이 등

장합니다.19:17~21

천사가 "태양 안에 서서" 모든 새를 향해 외쳤다는 것은19:17 온 천하가 밝히 볼 수 있는 위치에서 새들이 다 들을 수 있게 한다는 뜻입니다. 즉, 피할 수 없는 심판임을 강조한 말입니다. 이 새들로 하여금 이 세상 사람들의 고기를 뜯어 먹으라고 하는, 좀 잔인한 장면이 등장하는데,19:18 유대인들이 새에게 먹히는 것을 가장 저주스런 죽음이라고 여겼으므로 무시무시한 심판의 이미지를 부각시키기 위해 이렇게 묘사한 것입니다.

이것을 "하나님의 큰 잔치"라고 했는데 이 표현은 앞의 "어린 양의 혼인 잔치"와 대조시킨 것입니다. 앞에서는 예수님과의 즐거운 교제를 의미했고, 여기서는 무서운 심판을 의미합니다. 이 심판의 식탁에 등장한 메뉴가 잔인하긴 하지만 아주 다채롭습니다. 새들이 먹을 고기가 7종류입니다. 물론 이 세상 모든 사람을 상징하기 위해 완전수를 사용했는데, 이렇게 새들이 고기를 먹는 잔치로서의 이미지는 에스겔 39:17~20에서 따온 것입니다.

> 주 여호와께서 이같이 말씀하셨느니라 너 인자야 너는 각종 새와 들의 각종 짐승에게 이르기를 너희는 모여 오라 내가 너희를 위한 잔치 곧 이스라엘 산 위에 예비한 큰 잔치로 너희는 사방에서 모여 살을 먹으며 피를 마실지어다 너희가 용사의 살을 먹으며 세상 왕들의 피를 마시기를 바산의 살진 짐승 곧 숫양이나 어린 양이나 염소나 수송아지를 먹듯 할지라 내가 너희를 위하여 예비한 잔치의 기름을 너희가 배불리 먹으며 그 피를 취하도록 마시되 내 상에서 말과 기병과 용사와 모든 군사를 배부르게 먹일지니라 하라 주 여호와의 말씀이니라

이런 무시무시한 심판이 임할 줄도 모르고 짐승과 그의 세력이 말 탄 자와 그의 군대를 상대로 전쟁을 일으킵니다.19:19 이 세상 나라들이 예수 그리스도와 교회를 핍박한다는 뜻입니다. 그러나 결국 실패로 끝납니다. 이 세상 나라들과 뒤에서 조종하던 거짓 종교가 다 멸망을 합니다.19:20 산 채로 "유황불 붙는 못"에 던져진다는 것은 심판당한 결과의 비참함을 상징하는 말입니다. "유황불"은 계시문학에 자주 등장하는 표현인데 창세기 19장의 소돔과 고모라에 떨어진 유황불에서 온 이미지입니다. 따라서 "유황불 못"은 실지로 있는 장소를 말하는 게 아니고 무서운 심판의 상징입니다.

짐승과 거짓 선지자를 따르던, 짐승의 표를 받고 그의 우상에게 경배하던 자들도 말 탄 자의 입에서 나오는 검에 의해 죽고, 새들이 그들의 고기를 배불리 먹는 것으로 이 장면이 끝납니다.19:21 이 세상과 모든 종교가 예수 그리스도의 말씀의 능력 앞에 철저하게 심판당한다는 뜻입니다. 요한복음 12:48과 맥을 같이하는 표현입니다.

> 나를 저버리고 내 말을 받지 아니하는 자를 심판할 이가 있으니 곧 내가 한 그 말이 마지막 날에 그를 심판하리라

38
천년왕국?

기독교인치고 '천년왕국' 이라는 말을 들어보지 못한 사람은 하나도 없을 것입니다. 요한계시록 20장에 나오는 "천년 동안 왕 노릇"한다는 말에서 생겨난 것인데, 이 천년왕국이라는 것이 정통기독교 안의 종말론자들에게 있어 아주 중요한 부분을 차지하고 있습니다. 또, 천년왕국은 예나 지금이나 자기들만이 천년왕국에 갈 것이라는 주장을 펴는 사이비나 이단들의 트레이드마크나 다름없습니다. 이런 미끼를 던지는 게 교세를 확장하는데 꽤 효과적이기 때문입니다. 그렇다면, 이런 천년왕국의 개념이 과연 성경적인 것일까요?

큰 쇠사슬로 결박된 용

악의 세력 셋 중 둘은 이미 19:20에서 심판을 받았는데, 나머지 하나인 마귀("용")의 운명이 어떻게 되는가를 20:1~10이 설명하고 있습니다(이 "용"은 12장 이후 등장했던 그 "붉은 용"임). 용이 큰 쇠사슬에 결박되었다는 표현으로 마귀의 운명을 예고하고 있습니다. 이것은 마귀가 무기력해졌음을 상징적으로 표현한 것입니다. 영적인 존재인 마귀를 쇠사슬로 결박할 수는 없기 때문입니다. 마귀가 이빨과 발톱이 다 빠진 사자 같은 신세가 되었다는 뜻입니다. 언제, 어디서 이런 일이 벌어졌습니까? 예수 그리스도께서 십자가에 달려 죽으실 때 마귀는 패배해서 무장해제당하고 말았습니다. 앞에서 이미 살펴본 것과 같이 다음 성경구절이 이를 뒷받침해주고 있습니다.

> 통치자들과 권세들을 무력화하여 드러내어 구경거리로 삼으시고 십자가로 그들을 이기셨느니라 _골2:15

> 자녀들은 혈과 육에 속하였으매 그도 또한 같은 모양으로 혈과 육을 함께 지니심은 죽음을 통하여 죽음의 세력을 잡은 자 곧 마귀를 멸하시며 _히2:14

예수 그리스도의 십자가가 가져온 결과입니다. 죽음의 세력을 가지고 사람들을 농락하던 마귀가 무기력한 존재로 전락한 것입니다. 이것을 큰 쇠사슬로 결박하여 무저갱에 던져 넣고 인봉했다는 상징적인 말로 표현한 것입니다. "무저갱('밑바닥이 없는 굴' 이라는 뜻)"이라는 것은 옛날 과학이 발달하지 않았을 때의 사람들이 믿었던 사상을 대변하는 말입니다. '지구는 평평하고 지구 속에는 물이 가득한 데, 땅 밑으로 뚫린 구멍이 끝도 없이 내려간다' 라는 상상에서 나온 말입니다. 이런 무저갱 속에 마귀가 갇혔으므로 한없이 밑으로 떨어져 가는 비참한 운명에 처했음을 강조하고 있습니다. 예수 그리스도의 교회 쪽에서 볼 때 마귀는 이런 존재입니다.

천 년 이란?

20:1부터 계속 등장하는 "천년"이라는 말은 실지 천 년을 말하는 것이 아닙니다. 상징적 코드입니다. 요한계시록에 나오는 숫자는 전부 다 무엇을 상징하기 위한 코드라는 것을 앞에서 이미 앞에서 살펴보았습니다. 이 장면에서 "열쇠", "큰 쇠사슬", "용", "결박"은 상징이라

고 하면서 "무저갱", "천년"은 실제라고 하는 종말론자들이 있는데, 이것은 앞뒤가 맞지 않는 주장입니다. 상징이면 다 상징이고 실제면 다 실제이지, 어떤 것은 상징이고 어떤 것은 실제일 수는 없습니다. 우선 여기 나오는 표현이 전부 다 상징임을 아는 것이 중요합니다.

그럼 1,000이라는 숫자는 무엇을 상징합니까? 이것은 40과 400과 함께 계시문학에서 '메시아의 왕국'을 상징합니다. 유대인들은 역사를 현재와 앞으로 올 시대로 구분하는데, 앞으로 메시아가 와서 메시아 왕국을 건설할 소망을 가진 유대인들이 지금도 있습니다.

하지만, 우리 예수님의 사람들은 메시아가 이미 오셔서 자신의 왕국을 건설하신 것을 알고 있습니다. 바로 예수님께서 성육신, 십자가, 부활, 승천을 통해 시작하신 그 나라입니다. 예수님께서 통치하고 계신 나라, 지금은 교회를 통해 드러난 이 나라를 요한계시록에서 "천년"이라고 표현한 것입니다. 이 표현이 신약 성경 다른 어느 곳에도 나오지 않는 이유는 이것이 계시문학 코드이기 때문입니다. 만약 앞으로 올 실지의 천 년이라면 사도 바울이나 다른 성경 저자들이 당연히 언급했을 것입니다. 그러므로 여기서 "천년"은 시간 개념이 아니고 '속성'을 말합니다. 이것이 지금 예수 그리스도께서 통치하시는 하나님 나라를 드러내는 교회를 상징하는 표현임을 분명히 알아야 요한계시록의 이 부분을 제대로 해석할 수 있습니다.

따라서 이런 교회의 눈에는 마귀가 결박당한 채 무기력해진 존재로,20:2 그리고 심판당한 존재로 보이고,20:9~10 이 세상이 볼 때는 마귀가 잠깐 놓여 세상을 좌지우지하는 존재로 보이는 것입니다.20:3, 7~8 이것을 교회가 지금 이 땅에서 "천 년 동안 왕 노릇"한다고 하는 것입니다.20:4, 6 앞에서 살펴본 것처럼, 교회가 하나님 아버지와 예수 그리스도의 통치에 동참하는 존재이기 때문입니다. 앞으로 천년왕국이 올 것이 아니고, 교회가 이 땅에 존재하는 것이 천 년입니다. 이것이 바로 십자가에서 '다 이루신' 예수님의 희생에 의해 된 결과입니다.

천 년 안과 천 년 밖의 운명

20:3의 "그 후에는"이나 20:7의 "천 년이 차매"는 시간의 개념이 아니므로 '천 년 밖에서는'이라고 봐야 합니다. 그러므로 '천 년 안' 곧 교회 안의 사람들은 "살아서('영생을 누린다'는 뜻임)" 그리스도와 더불어 왕 노릇하고,20:4 '천 년 밖' 곧 교회 밖의 사람들은 "죽은 자들"이므로 천 년이 차기까지 살지 못합니다.20:5 교회가 아닌 사람들이 영생하지 못한다는 것을 이렇게 표현한 것입니다.

여기서 교회 안에 있는 사람들을 "첫째 부활"이라고 한 것은 하나님을 떠나 영적으로 죽었던 사람들이 예수 그리스도와 함께 부활하여 이 땅에서부터 하나님의 생명을 갖고 사는 것을 말합니다. 요한복음에서는 이것을 가리켜 '위로부터 태어난다(개역 성경에 '거듭난다'라고 번역했음)'라고 합니다. 그럼 '둘째 부활'은 무엇이겠습니까? 물론 요한계시록에서는 둘째 부활에 대해 언급하고 있지 않지만, 이것은 사도 바울이 고린도전서 15장에서 말한 '마지막에 우리 몸이 영광스러운 몸으로 부활할 것'을 뜻합니다.

그럼 요한계시록에는 어째서 둘째 부활에 대한 언급이 없을까요? 그것은 아마 요한계시록의 기록 목적이 예수님의 재림이나 몸의 부활에 관한 것이 아니기 때문일 것입니다. 요한계시록은 핍박당하는 교회들에게, '너희가 지금 겉으로는 고통스럽지만, 교회는 예수 그리스도와 함께 이미 승리했고, 영생을 얻었고, 하늘에 거하고 있고, 왕 노릇하고 있다'라는 사실을 알게 하려는데 초점을 맞추고 있기 때문에 미래에 있을 일들에 대해서는 기록하지 않은 것 같습니다.

첫째 부활에 참여한다는 것은 곧 둘째 사망의 지배를 받지 않는다는 뜻입니다.20:6 "둘째 사망"이란 '영적인 죽음'을 말합니다. 에베소서 2:1에서 말한바와 같이 '허물과 죄로 죽은 것'을 뜻합니다. 하나님께서 보실 때 죽은 것은 영원히 하나님으로부터 분리된 상태입니다. 고로, '첫째 사망'은 당연히 '육체의 죽음'을 가리키는 말입니다. 따라서 교회 안의 사람들은 첫째 사망은 경험하겠지만, 그들에게 둘째 사망은 있을 수 없습니다. 예수 그리스도로 말미암아 영생을 얻었기 때문입니다. 죽지 않고 "하나님과 그리스도의 제사장이 되어" 왕 노릇하는 존재입니다. 하나님께서 이미 "나라와 제사장"으로 삼으셨기 때문입니다.1:6; 5:10 교회가 이런 존재라는 사실이 분명합니까?

마귀에게 임하는 심판

위에서 '천 년 안' 곧 교회 안의 모습을 살펴보았는데, '천 년 밖'인 교회 밖에서는 무슨 일이 벌어지는지를 20:7~10이 설명하고 있습니다. 교회에게는 무기력한 존재인 마귀가 이 세상 사람들에게는 팔팔하게 살아서 그들을 조종합니다. "곡과 마곡"을 미혹해서 싸움을 붙인다는 이미지는 에스겔 38~39장에서 빌려온 것입니다. 이것은 하나님 백성의 원수를 지칭하는 계시문학적 표현입니다. 즉, 마귀가 교회의 원수들을 조종해서 교회를 핍박하게 한다는 것을 상징적으로 묘사하려고 이런 표현을 사용했습니다. 20:9의 "성도들의 진과 사랑하시는 성"은 교회를 상징합니다.

마귀의 사주를 받은 세상이 교회를 핍박하지만 결국 실패로 끝나고 하늘에서 내려온 불에 의해 멸망 당합니다. 소돔과 고모라에 임한 심판의 이미지가 여기에 또 등장합니다. 그래서 마귀가 앞에서 이미 심판받은 짐승과 거짓 선지자에 이어 "불과 유황 못"에 던져진다고 한 것입니다. 심판이 무시무시하다는 뜻이지 실지 유황불이 있는 장소의 개념이 아닙니다. 마귀가 영적 존재인데 불과 유황 못에 던져질 수는 없기 때문입니다. 교회의 원수인 셋이 다 영원한 심판 가운데 있음을 뜻합니다.

생명 없는 자들에게 임하는 심판

20:11~15이 마지막 때 있을 최후의 심판인 소위 '백 보좌 심판'이라고 생각하기 쉬운데, 이것도 교회 밖의 사람들에게 임할 영원한 심판을 상징적인 말로 표현한 것임을 알아야 합니다. 하나님의 위엄과 영광을 상징하기 위해 "크고 흰 보좌"라는 표현을 사용했습니다.20:11 짐승, 거짓 선지자, 마귀까지 불 못에 던져졌고, 이제 그 셋을 따르던 "죽은 자들"(20:12~20:5에 이미 등장했음) 곧 생명이 없는 이 세상 사람들도 역시 불 못에 던져질 운명임을 말하고 있습니다.

"책들"의 이미지는 물론 계시문학에 단골로 등장하는 것으로써 다니엘 7:9~10에서 따온 것입니다. 여기에 생명을 얻은 사람들인 교회는 등장하지 않음을 주목해야 합니다. 이것은 심판의 장면이기 때문입니다. "생명책"이 등장하는 이유는 교회 밖 사람들의 이름이 생명책에 없음을 증명하기 위한 도구로 제시하는 것뿐입니다.20:12, 15 그들은 "바다(혼잡한 세상)"와 "사망"과 "음부"에 평생 시달리다가 "자기의 행위대로" 심판을 받습니다.20:13 하나님의 생명 없이 제 맘대로 살아온 삶에 대한 심판입니다. 이것이 바로 앞에서 살펴본 바와 같이 "둘째 사망" 곧 영원한 죽음입니다.20:14 여기서 이것을 "불 못"으로 상징했습니다. 예수 그리스도를 알지 못하는 이 세상 사람들은 이렇게 무서운 심판 아래 있는 것입니다.요3:18

6부

새 예루살렘 성의 삶과 요한계시록의 결론

39
새 예루살렘과 새 창조

요한계시록 21~22장의 내용이 죽은 다음에 펼쳐질 천국을 말하는 것으로 생각하는 사람이 많습니다. 또, 이것이 이 세상 역사의 끝이 온 후 나타날 신천지에 관한 얘기라고 주장하기도 합니다. 그러나 이런 생각은 요한계시록이 무엇을 쓴 것인지 오해해서 생긴 결과입니다. 요한계시록의 성격을 제대로 이해하면 21~22장이 무엇을 말하려고 하는지 금방 알 수 있을 것입니다. 지금까지 살펴본 내용이 그랬듯이, 이 부분도 구약의 이미지를 대거 등장시켜 그리스도 안에서 경험하는 새 창조 곧 교회생활을 그린 것입니다. 지금 이 땅에서 맛보는 교회생활, 그리고 앞으로 영원히 살게 될 교회생활을 극적으로 표현한 것임을 알아야 이 내용이 분명하게 다가오게 될 것입니다. 신나는 장면입니다.

새 하늘과 새 땅, 그리고 새 예루살렘

장면이 완전히 바뀌어 요한 앞에 "새 하늘과 새 땅", 그리고 "하늘에서 내려오는 새 예루살렘 성"에 관한 환상이 펼쳐지기 시작합니다.[21:1~2] 요한계시록 4장부터 요한이 환상 속에서 본 드라마의 마지막 부분인데, 이것도 영적인 메시지를 전하기 위한 수단이지 실지 현상이 아님을 분명히 알아야 합니다. 새 하늘과 새 땅의 이미지를 구약성경의 이사야 65:17~19에서 빌려온 것입니다.

> 보라 내가 새 하늘과 새 땅을 창조하나니 이전 것은 기억되거나 마음에 생각나지 아니할 것이라 너희는 내가 창조하는 것으로 말미암아 영원히 기뻐하며 즐거워할지니라 보라 내가 예루살렘을 즐거운 성으로 창조하며 그 백성을 기쁨으로 삼고 내가 예루살렘을 즐거워하며 나의 백성을 기뻐하리니 우는 소리와 부르짖는 소리가 그 가운데에서 다시는 들리지 아니할 것이며

금방 감이 잡히지 않습니까? 요한계시록의 독자들은 21장의 내용을 읽으면서 그들이 경험하는, 그리고 경험해야 할 영적 실체에 대해 마음속에 흥분이 일었을 것입니다.

그럼 이 새 하늘과 새 땅은 무엇을 말하는 것일까요? 처음 하늘과 처음 땅과 바다가 없어진 상태, 즉 타락한 이 세상은 설 자리가 없는 예수 그리스도 안의 '새 창조'를 말하는 것입니다. 바다는 앞에서 살펴보았듯이 혼잡과 혼동, 그리고 분리와 이별의 상징입니다. 하나님을 떠나 뒤죽박죽이 된 이 세상을 뜻하는데, 이제 그런 것은 사라지고 새 창조의 역사에 따라 정리된 하나님의 통치 세계가 펼쳐진 것입니다.

이 새 창조의 세계를 '하늘에서 내려온 새 예루살렘'으로 묘사했습니다. 우리가 죽어서 가는 장소를 가리키는 것이 아니고 하늘에서 내려온 새 예루살렘에서 살게 되는 것, 즉 땅에 있지만, 하늘에 속한 교회를 가리키는 것입니다. "그 준비한 것이 신부가 남편을 위하여 단장한 것 같더라." 신랑이신 그리스도의 신부인 교회가 바로 새 예루살렘이라는 말입니다. 이 이미지는 이미 19:7~8에 등장했고, 새 예루살렘이 신부라는 것을 21:9~10이 밝혀주고 있습니다. 이 땅에서부터 영원토록 지속할 교회를 뜻합니다.

이런 교회는 하늘에서 내려옵니다. 사람이 세워 간판을 다는 것이 아니라 하나님께서 세우시는 것이 참 교회입니다. 여기서 "예루살렘"이라고 한 것은 앞에서 계속 등장했던 "바빌론"과 대조시킨 것입니다. 인간들이 만든 바빌론으로 상징된 거짓 종교는 심판당하고, 하나님에게는 오직 하나님께서 세우신 예루살렘으로 상징된 교회만이 있을 뿐임을 보여주고 있습니다.

하나님의 장막에서

"하나님의 장막"이 사람들과 함께 있어 경험되는 삶은21:3~4 이미 7:15~17에 등장했었습니다. 하나님께서 거하시는 장막인 교회 안에서의 삶을 말하는 것입니다. 구약의 성막이나 성전에 거하셨던 하나님께서 이제 친히 교회와 함께 사시는 것을 21:3이 그리고 있습니다. 예수님께서 요한복음 14장에서 말씀하시는 하나님 아버지와 예수님께서 오셔서 "거처"를 삼으신 교회가 바로 하나님의 장막입니다.

이 하나님의 장막인 교회로 살아가는 삶의 내용은 무엇입니까? 21:4이 땅에 살고 있지만, 이 땅의 삶에 좌우되지 않고 하늘의 삶을 살며 인간 세상의 모든 고통을 초월하는 교회의 모습을 묘사하고 있습니다. 하나님과 함께 사는 영적인 삶을 상징적으로 그린 것입니다. 더는 영적인 죽음이 없고 이 세상의 시시콜콜한 고통과 슬픔에 좌우되지 않는 참다운 교회생활을 말하고 있습니다.

새것이 되었도다

이런 교회생활을 "처음 것들이 다 지나갔음이러라",21:4 "내가 만물을 새롭게 하노라"21:5 라는 표현으로 설명하고 있습니다. 무엇을 연상시킵니까? 사도 바울이 고린도후서 5:17에서 말한 그리스도 안의 삶을 말하고 있지 않습니까?

그런즉 누구든지 그리스도 안에 있으면 새로운 피조물이라 이전 것은 지나갔으니 보라 새 것이 되었도다

"새로운 피조물"로 번역된 말은 '새로운 창조 세계'라는 뜻입니다. 앞으로 이 세상 끝에 가서야 나타날 세계가 아닌 예수 그리스도 안에서 이미 이루어진 세계인 교회를 가리키는 말입니다. "이루었도다" 21:6 십자가에서 "다 이루었다"라고 외치신 예수님의 말씀을 연상케 합니다. 하나님께서 "알파와 오메가요 처음과 마지막"이신, 시간을 초월하시는 분이시므로 하나님의 눈에는 미래가 지금 교회 안에서 펼쳐지는 것입니다. 그래서 사도 바울이 그리스도 안에서 이미 새 창조가 이루어지고 있다고 한 것입니다. 그러므로 교회생활이란 이렇게 하나님의 목적이 이루어진 눈으로 모든 것을 보며 사는 것을 말합니다.

교회 안에서 누리는 생명

새 창조의 세계인 교회를 구성하는 사람들은 어떤 존재입니까? "값없이" 하나님께서 공급하시는 "생명수 샘물"을 마시는 자들입니다. 21:6 이와 비슷한 표현이 이사야에 많이 나오는데, 이것은 또한 예수님께서 초청하신 것과 맥을 같이합니다.

예수께서 서서 외쳐 이르시되 누구든지 목마르거든 내게로 와서 마시라 나를 믿는 자는 성경에 이름과 같이 그 배에서 생수의 강이 흘러나오리라 _요 7:37~38

하나님의 생명을 받은 사람들이 살아가는 교회생활을 가리킵니다. 이 생명수의 이미지는 나중에 22:1과 22:17에도 다시 등장합니다. 예수 그리스도 안에서 누리는 영생, 곧 새 창조 세계인 교회 안에서의 삶을 이렇게 표현한 것입니다.

하나님의 생명을 받은 상속자들

교회 안에 있는 사람들은 하나님의 생명을 받았으므로 '하나님의 상속자'요, 하나님께서 "내 아들"이라고 부르시는 존재입니다.21:7 "이기는 자"라는 표현은 2장과 3장에서 계속 등장했었습니다. 즉, 참 교회로 사는 자들을 가리키는 말입니다. 그런 사람들이 하나님의 아들이고 상속자입니다. 그러므로 이들은 하나님의 모든 것을 고스란히 다 받게 됩니다. 그래서 사도 바울이 다음과 같이 말했던 것입니다.

> 찬송하리로다 하나님 곧 우리 주 예수 그리스도의 아버지께서 그리스도 안에서 하늘에 속한 모든 신령한 복을 우리에게 주시되 곧 창세 전에 그리스도 안에서 우리를 택하사 우리로 사랑 안에서 그 앞에 거룩하고 흠이 없게 하시려고 그 기쁘신 뜻대로 우리를 예정하사 예수 그리스도로 말미암아 자기의 아들들이 되게 하셨으니 이는 그가 사랑하시는 자 안에서 우리에게 거저 주시는 바 그의 은혜의 영광을 찬송하게 하려는 것이라…하늘에 있는 것이나 땅에 있는 것이 다 그리스도 안에서 통일되게 하려 하심이라 모든 일을 그의 뜻의 결정대로 일하시는 이의 계획을 따라 우리가 예정을 입어 그 안에서 기업(상속)이 되었으니 _엡 1:3~11

생각만 해도 엄청난 이야기입니다. 교회는 이런 존재입니다. 그래서 사도 바울이 또 "자녀이면 또한 상속자 곧 하나님의 상속자요 그리스도와 함께한 상속자니"라고 한 것입니다.롬8:17 "그리스도와 함께한 상속자"라는 말을 '공동 상속자'라고 번역해야 더 뜻이 확 통할 것입니다. 우리가 하나님의 아들 예수 그리스도의 공동 상속자라니…하나님께서 우리를 그리스도와 똑같이 보신다는 뜻입니다. 우리를 이런 존재로 높여주셨다는 사실이 확실하게 깨달아진다면 어떤 일이 벌어지겠습니까?

이런 하나님의 사랑을 받아들이지 않을 때 따라오는 무서운 심판을 21:8에서 표현하고 있습니다. 20:11~15의 내용을 재차 강조한 것입니다. 교회 밖 사람들의 운명, 즉 하나님의 생명과 관계없는, 영적으로 죽은 사람들의 말로입니다.

40
어린 양의 아내가 치장한 모습

21:9~21은 하늘에서 내려온 새 예루살렘의 단장한 모습을 그리고 있습니다. 즉, 새 예루살렘으로 묘사된 어린 양의 아내인 교회가 주님 보시기에 얼마나 아름답고 귀한 존재인가를 표현한 것입니다.

바빌론과 새 예루살렘 중 하나를 선택하라

그런데 이 장면이 "일곱 대접을 가지고 마지막 일곱 재앙을 담은 일곱 천사 중 하나"라는 말로 시작되는 것이 흥미롭습니다.[20:9] 17:1의 그 천사를 말하는 것 같은데, 거기서는 음녀인 바빌론이 받을 심판의 메시지를 갖고 왔었고, 지금은 어린 양의 아내인 새 예루살렘의 아름다운 모습을 소개하려고 합니다.

무엇을 암시하고 있습니까? 바빌론이냐 아니면 새 예루살렘이냐, 둘 중의 하나를 선택하라는 의미심장한 메시지를 담고 있다고 볼 수 있습니다. 음녀인가 아니면 어린 양의 신부인가? 심판인가 아니면 영생인가? 진리를 가장한 거짓 종교인가 아니면 참 교회인가? 요한계시록 마지막 부분에서 독자들에게 선택하라는 도전을 주고 있습니다. 왜냐하면, 그 당시 교회들이 핍박 중에 갈팡질팡하고 있었기 때문입니다. 이것은 오늘날도 참 교회로 살 것인가 아닌가의 갈림길에 서 있는 많은 기독교인이 고민해야 할 제목이기도 합니다.

내가 본 천국?

20:10에 나오는, 성령이 요한을 크고 높은 산으로 데리고 올라가서 새 예루살렘 성을 보여주는 장면은 에스겔 40:2에서 가지고 온 이미지입니다.

> 하나님의 이상 중에 나를 데리고 이스라엘 땅에 이르러 나를 매우 높은 산 위에 내려놓으시는데

거기서 에스겔이 예루살렘 성전을 보게 되고 그 성전을 측량하기 시작하는데, 여기서도 새 예루살렘과 측량하는 이미지가 등장합니다.21:15, 16, 17 에스겔의 내용을 배경으로 지금 새 예루살렘을 묘사하는 것입니다.

그런데 21:9에서 천사가 신부인 어린 양의 아내를 보여주겠다고 해 놓고서 정작 보여준 것은 '하늘에서 내려오는 새 예루살렘 성' 입니다. 무엇을 상징하려고 이런 표현을 사용했습니까? 교회입니다. 땅에 있는 '하늘에서 내려온' 새 예루살렘인 교회가 바로 어린 양 예수 그리스도의 신부요 아내입니다. 이런 교회가 신부로서 얼마나 아름답고 귀하게 치장했는지를 예루살렘 성의 모습으로 그리고 있습니다.

그러므로 지금부터 등장하는 모습은 교회의 모습이지, 무슨 미국의 펄시 콜레라는 사람이 쓴 [내가 본 천국] 같은 이상한 책에 나오는 천국의 모습이 아닙니다. 이 책이 한국에서 출판되어 선풍을 일으켰을 때 미국에 살고 있던 필자는 그것이 참으로 한심하다는 생각을 했었습니다. 미국에선 아무도 그런 책이 있는 줄 알지 못했는데 한국에서만 열광하고 있었으니 말입니다.

그 후로 이런 종류의 책들이 많이 쏟아져 나왔는데, 내용을 보면 비

슷비슷합니다. 비몽사몽 간에 천국을 구경하고 왔다고 주장하는데, 그런 환상을 보기야 했겠지만, 문제는 그 체험이 하나님이 주셨는지 우선 의심스럽습니다. 그런 것들은 대개 요한계시록 21장의 내용이 천국을 가리키는 것으로 알고 있던 사람들의 머릿속에 무의식중에 저장되었다가 꿈이나 환상으로 나타나서, 마치 자신이 천국을 보고 온 줄로 착각하게 한 결과입니다. 21장의 내용은 천국의 실지 모습이 아니라 계시문학 코드로 기록된 것임을 알아야 합니다.

영광스럽고 귀한 교회의 모습

하나님께서 보실 때 교회는 어떤 모습일까요? 교회는 하늘에서 내려온 것, 즉 하나님께서 세우셨기 때문에 그 안에는 하나님의 영광이 가득합니다. 구약성경에서 성막과 성전에 하나님의 영광이 가득했던 것이 바로 교회 안에 가득한 하나님 영광의 모형이었습니다.출40:34~35; 왕상8:11 이 새 예루살렘 성의 길이와 너비와 높이가 같다는 것21:16이 성막과 성전의 지성소를 연상시킵니다. 지성소가 가로, 세로, 높이의 길이가 똑같은 정육면체였기 때문입니다. 이 지성소에 하나님의 영광이 가득했던 것처럼 하나님이 거하시는 교회에도 하나님의 영광이 충만함을 사도 바울이 다음과 같이 표현했습니다.

> 교회는 그의 몸이니 만물 안에서 만물을 충만하게 하시는 이의 충만함이니라 _엡1:23

> 그의 영광의 풍성함을 따라 그의 성령으로 말미암아 너희 속사람을 능력으로 강건하게 하시오며…능히 모든 성도와 함께 지식에 넘치는 그리스도의 사랑을 알고 그 너비와 길이와 높이와 깊이가 어떠함을 깨달아

> 하나님의 모든 충만하신 것으로 너희에게 충만하게 하시기를 구하노라…교회 안에서와 그리스도 예수 안에서 영광이 대대로 영원무궁하기를 원하노라 아멘 _엡3:16~21

교회의 이런 영광스러운 모습을 또한 귀한 보석으로 묘사하고 있습니다. 결혼식에서 신부가 귀한 보석을 달고 아름답게 치장하듯이 어린 양 그리스도의 신부인 '새 예루살렘 성'도 벽옥, 수정, 정금, 남보석, 녹보석, 진주같은 보석으로 단장해서 찬란한 빛을 발한다는 것으로 주님께서 귀하게 보시는 교회를 표현하고 있습니다.21:11, 18~21 어느 정도로 귀하냐 하면 4:3의 보좌에 앉으신 하나님의 모습과 교회의 모습이 비슷합니다. 교회가 하나님의 영광에 동참하는 존재임을 알 수 있습니다.

이 새 예루살렘 성에 대한 묘사는 에스겔 40장 이하에서 따온 것임을 읽어보면 금방 알 수 있습니다. 전부 다 에스겔에서 빌려와서 사용한 코드입니다. 그런데 여기서 특기할 것은 이 새 예루살렘 성이 뭐든지 다 12라는 숫자와 관련되어 있다는 사실입니다. "열두 문", "열두 천사", "열두 지파", "열두 기초석", "열두 사도", "열두 이름", "만 이천(12x1000) 스다디온", "백사십사(12x12) 규빗", 이렇게 12라는 숫자로 도배해놓다시피 했습니다. 무엇을 상징하는지 금방 알 수 있을 것입니다. 12는 '하나님의 선택', '하나님의 가족', '교회' 등을 상징하는 숫자 코드입니다. 하나님의 빛을 이방에 비추게 하려고 택하신 구약의 이스라엘 열두 지파처럼 교회가 하나님의 선택을 받은 영광스런 존재라는 것을 강조한 것입니다. 이것이 하나님께서 보시는 교회의 참모습입니다.

41 교회 안의 영광과 생명의 교제

새 예루살렘의 치장한 모습에 이어 이제 그 안에서 무슨 일이 벌어지고 있는지를 기술한 장면이 등장합니다(21:22~27). 물론 코드를 사용해서 영적인 메시지를 알려 주고 있습니다.

새로운 성전인 교회

요한은 새 예루살렘 성 안에서 "성전"을 보지 못했다고 했습니다.[21:22] 즉, 요한이 알고 있던 그 성전은 온데간데없고 새로운 성전이 등장했다는 뜻입니다. 하나님께서 이전에 예루살렘 시온산에 서 있던 돌로 지은 그 성전에 사시는 게 아니라는 말입니다. 이것은 스데반이 죽임을 당하기 전에 공회 앞에서 선포했던 다음과 같은 말씀과 합치됩니다.

> 다윗이 하나님 앞에서 은혜를 받아 야곱의 집을 위하여 하나님의 처소를 준비하게 하여 달라고 하더니 솔로몬이 그를 위하여 집을 지었느니라 그러나 지극히 높으신 이는 손으로 지은 곳에 계시지 아니하시나니 _행7:46~48

하나님께서는 사람이 만든 집에 사시지 않고 하나님과 예수 그리스도가 곧 성전이라고 하십니다. 그러므로 교회당을 자꾸 성전이라 부르는 것을 삼가해야 합니다. 교회 건물이 성전이라면 나무나 벽돌로 지은 집이 곧 하나님과 예수 그리스도라는 것과 별반 다르지 않습니다. 21:22의 말씀과 배치됩니다. 불경스럽기 짝이 없는 소리입니다. 교회 건물은 모임을 하는데 필요한 도구일 뿐 전혀 성스러운 것과는 관계없습니다. 이런 잘못된 사상이 교회가 무엇인지를 알지 못하도록 가려버렸습니다. 성전의 개념 정리부터 올바로 해야 하는 시대가 된 것이 안타깝습니다.

교회 안의 영광스러운 교제

진짜 성전은 '하나님의 영광이 비치고 어린 양 그리스도가 등불' 인 것으로 되어 있습니다.21:23 무슨 뜻입니까? 새 예루살렘 성 안에 빛으로 가득한 것, 즉 앞 단원에서 하나님의 영광이 교회 안에 충만하게 거하는 것을 말하는 것입니다. 더 구체적으로 말하면, 하나님 아버지와 예수 그리스도와 교회가 하나가 된 모습을 그리고 있습니다. 이것이 바로 요한복음에서 계속 강조하는 아버지께서 예수님 안에, 예수님께서 아버지 안에, 그리고 교회가 예수님 안에, 예수님께서 교회 안에 있는 것, 즉 하나님의 생명이 교회를 통해 연장되는 것을 말합니다. 교회가 곧 하나님의 목적 그 자체라는 말입니다.

교회가 이런 존재라는 것을 알아야 교회 안에서 교제가 제대로 이루어질 수 있습니다. 교제라는 것은 원래 창세 이전에 하나님 아버지와 예수 그리스도 사이에서 있었던 영광스러운 하나가 됨을 말하는 것인데, 그 교제의 충만함이 넘쳐 흘러 우리에게까지 오게 되는 것이 바로 하나님의 영원한 목적입니다. 이 목적을 위해 예수 그리스도께서 이 땅에 오신 것이고, 십자가에서 죽으신 것이고, 부활 승천하셔서 성령을 보내 주신 것이고, 결국 교회가 세워진 것입니다. 교회가 하나님의 목적이 성취되는 최종 목적지라는 말입니다. 고로, 이렇게 교회가 하나님의 목적이라는 것을 알지 못하면 교회 안에서 참된 교제가 불가능합니다.

21:24~27은 이사야 60장에서 빌려온 이미지입니다. 이런 이미지로 교회가 빛으로서 사명을 감당하는 것을 상징하고 있습니다. 교회는 하나님 아버지와 예수 그리스도의 영광이 충만한 존재이므로 그 안에서 활발한 영광의 교제가 일어나고,21:24, 26 안전하게 보호받을 뿐만 아니라,21:25 하나님의 생명이 있는 사람들의 거룩하고 투명한 삶이 가득합니다.21:27 생명엔 관심도 없는 사람들이 아무나 함부로 들어오는 그런 것이 교회가 아니라는 말입니다. 무엇이 참 교회의 교제인지를 분명히 알아야 합니다.

교회 안의 생명의 교제

22:1~5은 창세기 2장의 에덴동산과 에스겔 47을 배경으로 교회생활을 그리고 있습니다. 새 예루살렘 성 안을 자세히 들여다보니 생명수 강이 흐르고 강 주위에 생명나무가 있습니다. 새로운 창조가 이루어져서 하나님 아버지와 예수 그리스도와 하나가 되어 경험하는 생명 넘치는 교회 안의 교제를 말합니다.

그런데 옛 창조 때의 에덴동산과는 달리 이 새 창조 세계엔 없는 것이 하나 있습니다. 선악을 알게 하는 나무입니다. 아담과 하와는 그 나무 열매를 따 먹고 저주를 받았지만, 이제 교회 안에서는 오직 생명나무 열매만 따 먹으므로 다시 저주가 없습니다.21:3 저주가 없고 하나님의 이름이 이마에 기록되어 있으므로14:1 참조 하나님의 얼굴을 똑바로 볼 수 있습니다. 저주받은 아담과 하와가 하나님을 바로 보지 못하고 피했던 것과 대조적입니다.창3:9~11 아무런 제약 없이 하나님과 교제하며 하나님이 충만하게 공급해주시는 생명으로 가득한, 부족함 없는 교회생활입니다. 교회는 지금 이 땅에서부터 영원히 이것을 경험할 것입니다.

이런 생명의 교제는 등불이나 햇빛이 비치는 수준이 아닌 영광의 하나님께서 비치시는, 어둠과는 거리가 먼 투명한 교제입니다.22:5 교회는 이런 교제를 나누며 하나님 아버지와 예수 그리스도의 통치에 동참하여 "왕 노릇"하게 됩니다. 겉으로는 이 세상의 권력자들이 통치하는 것 같지만 실지로는 교회가 이 세상을 우습게 알며 당당하게 살아갑니다. 그리고 하나님께서 택하신 자들을 이 세상에서 빼내어오는 능력을 발휘하게 됩니다. 이것이 왕 노릇 하는 것이요, 이것이 교회의 경험입니다. 하나님 아버지와 예수 그리스도와 함께 생명의 교제를 누리고 있기 때문입니다. 우리는 이 땅에서 이런 생명력 넘치는 교회를 경험할 수 있습니다. 그리고 이 땅을 떠나서도 영원토록 그런 교회를 경험하게 될 것입니다.

42
요한계시록의 결론

요한은 요한계시록을 마치면서 1:1~3에서 시작했던 말을 반복하고 있습니다.[22:6~7] 요한계시록의 내용이 헛된 소리가 아닌, 신실하고 참된 하나님의 예언의 말씀이기 때문입니다. 그러므로 요한계시록의 내용을 지키는 사람이 복된 사람이라는 것입니다.

우리가 지금까지 살펴본 요한계시록의 내용은 교회가 얼마나 영광스러운 존재인지를 분명히 밝혀주고 있습니다. 따라서 어떤 핍박과 어려움이 있더라도 이런 교회를 세워서 끝까지 지켜나가야 합니다. 그래서 요한은 22:6~21의 결론 부분에서 교회를 향한 권면으로 마지막을 장식하며 길고 긴 대하드라마를 마치고 있습니다.

항상 오시는 예수님

1:7에서 예수님이 영광 중에 오신다고 했었는데, 결론 부분에서도 속히 오신다는 말이 세 번 반복되고 있습니다.[22:7, 12, 20] 물론 이 말은 현재진행형입니다.[I am coming] 예수님은 과거에도 오셨고, 지금도 오시고 있고, 앞으로도 오실 것을 표현한 말입니다. 예수님은 항상 오시는 분입니다. 그리고 속히 오셔서 교회와 영원토록 함께 계시는 분입니다. 수천 년 후에 오실 예수님이라면 요한계시록이 1세기 말 당시 고통 중에 살았던 교회 성도들에게 무슨 의미가 있었겠습니까? 요한계시록이 우선하여 그들에게 적용되는 말씀임을 분명히 알아야 합니다.

그래서 때가 가까워서, 즉 예수님께서 항상 오시기 때문에 요한계시록의 내용("예언의 말씀")을 인봉하지 말라고 한 것입니다.22:10 요한계시록의 메시지가 널리 알려져야 한다는 말씀입니다. 그런데도, 난해하다는 이유로 역사상 요한계시록을 아예 거들떠보지도 않는 사람들이 많이 있었습니다. 결과적으로, 요한계시록이 종말론에 심취한 사람들이나 사이비나 이단들에게 주로 애용되는 책으로 전락해버렸습니다. 특히 사이비와 이단들이 요한계시록의 내용을 아전인수격으로 풀어서 얼마나 많은 사람을 현혹하는지 모릅니다. 이제 교회가 요한계시록을 제대로 이해해서 참된 교회생활을 경험하며 보여줘야 합니다. 앞에서 계속 강조한 '이 세상은 듣지도 보지도 못했던' 그런 교회의 모습 말입니다. 그렇지 않으면 주님의 말씀을 거스르는 것이 됩니다.

예수님께서 항상 오시기 때문에 그때그때 선택한 대로 다 드러나게 되어 있습니다.22:11 올바로 선택한 사람들은 교회 안에서("성에") "상"을 받게 되고, 즉 "생명나무"로 표현된 생명력 넘치는 하나님과의 교제를 경험하게 되고,22:12, 14 선택을 잘못한 사람들은 "성 밖에" 곧 교회 밖에서 생명 없이 죄지으며 살게 됩니다.22:15

생명수와 생명나무, 그리고 거룩한 성

요한은 22:1~5에서 맺었던 대하드라마의 결론인 교회생활의 핵심을 요한계시록의 끝 부분에서 다시 한 번 강조하며 마치려 합니다. "생명나무", "성"22:14, "생명수"22:17, "생명나무와 및 거룩한 성" 등의 단어들이 또다시 등장합니다. 하나님의 목적이 무엇인가를 분명히 각인시키려 한 것 같습니다. 옛 창조인 에덴동산에서 인간의 불순종 때문에 성취되지 못했던 하나님의 영원한 목적이 예수 그리스도의 새 창조로 말미암아 세워진 교회를 통해 이루어진 사실 말입니다. 독자들에게 하나님의 생명의 연장인 교회가 바로 새로운 창조 세계라는 것을 재차 강조하며 결론을 내리려 한 것입니다.

이것은 요한복음의 핵심 주제 중의 하나이기도 합니다. 그래서 "태초에…"로 시작해서 제자들에게 "숨을 내쉬며(생기를 불어 넣으시며)" 성령을 주신 것으로 막을 내리는 것입니다. 예수 그리스도로 말미암아 제자들로 대표되는 교회에 새 창조가 이루어졌음을 말하는 것입니다. 이제 하나님의 눈에는 옛 창조 세계는 십자가에서 종지부를 찍었고, 교회를 통해 드러난 새 창조 세계만 보인다는 말입니다. 그러므로 우리는 하나님의 생명이 넘치는 교회를 세우도록 부르심을 받게 되었습니다. 이것이 바로 "성령과 신부"의 초청입니다.22:17

성령과 신부의 초대

요한계시록의 내용이 말하는 바를 알았다면 이제 하나님께서 하시는 일에 동참해야 하는 것은 당연합니다. 그래서 마지막으로 독자들을 향해 초대장을 보냅니다. "성령과 신부"가 "생명수"를 제공하면서 "오라"고 초대한다고 했습니다.22:17 생명수는 물론 예수 그리스도입니다. 예수 그리스도와 우리 사이에 벌어지는 생명의 교제를 말합니다.

그런데 왜 "성령과 신부"가 초대한다고 했을까요? "신부"는 물론 앞에서 등장한 어린 양의 신부인 교회를 가리킵니다. 교회가 각 사람을 교회의 일원이 되라고 초청하는 것은 당연한데, 성령이 초대한다는 것은 무엇을 뜻합니까? 이것은 요한복음 14~16장을 이해하면 금방 감을 잡을 수 있습니다. 하나님의 목적을 이루려고 예수님께서 성령을 교회에 보내신 사실 말입니다. 교회 없는 성령은 그리스도의 몸이 없이 하나님의 목적을 이룰 수 없습니다. 성령 없는 교회는 생명이 없으므로 역시 하나님의 목적을 이룰 수 없습니다. 성령과 교회는 항상 함께 사명을 감당해야 합니다. 따라서 성령과 신부가 초대한다는 것은 지극히 당연한 말입니다. 각 사람은 이 초대에 응해서 "생명수" 곧 하나님 아버지와 예수 그리스도와 함께 하는 생명의 교제에 동참하는 것입니다.

마지막 경고

끝으로, 요한은 독자들을 향해 요한계시록의 예언 말씀에 더하거나 제하지 말 것을 경고합니다.22:18~19 이것은 신명기 4:2과 12:32의 '하나님의 명령에 가감하지 말라' 고 한 것에서 따온 것입니다. 물론 이 경고는 요한계시록의 내용에 더하거나 빼지 말라는 말입니다. 이것을 확대해서 성경 전체에 적용할 수는 있겠지만 여기서는 그런 뜻은 아닙니다. 요한계시록의 메시지가 매우 중요하다는 것을 강조한 것입니다.

이런 경고가 겁나서 아예 요한계시록을 열어보지도 않는 것이 일반적인 교인들의 태도인 것 같습니다. 공연히 해석하려 들었다가 하나님의 진노를 사서 구원을 받지 못하는 불상사가 일어날지도 모른다는 두려움이 있기 때문일 것입니다. 그러나 요한계시록의 내용에 무지한 것은 더 큰 문제가 아닐까요? 요한계시록은 예수 그리스도의 "증언" 입니다.22:16, 20 올바로 이해해서 예수님이 증언하신 것을 충실히 이행하는 것이 우리에게 주어진 사명일 것입니다.

끝맺는 말

요한계시록의 내용을 대충 훑어보았습니다. 앞에서 언급한 바와 같이, 이 책은 요한계시록의 주석이 아닙니다. 요한계시록을 통해 하나님께서 말씀하시고자 하는 메시지가 무엇인지를 살펴본 것이지, 일일이 해석한 것이 아닙니다. 그리고 이 책에서 필자가 해석한 것 전부가 다 옳다고 주장하는 것도 아닙니다. 다만, 온갖 거품으로 둘러싸인 요한계시록의 거품을 제거하고 요한계시록이 말하고자 하는 핵심을 분명히 알리고자 거기에 초점을 맞춘 책입니다. 요한계시록이 헷갈리는 책이 아니라, 그 당시의 독자들은 물론이고 오늘 우리도 그들이 이해했었을 메시지를 확실히 알 수 있는 '다 비친 코드' 로 기록된 책이라는 것을 밝히고자 함입니다. 여기까지 따라온 독자들은 이런 필자의 의도를 파악했을 것입니다.

요한계시록의 내용은 미래에 있을 소위 '7년 환란' 이나 '휴거' 나 '아마겟돈 전쟁' 이나 '천년왕국' 에 관한 얘기가 아닙니다. 예수님의 재림이나 죽은 후의 천국에 관한 얘기도 아닙니다. 한 마디로, 교회에 관한 얘기입니다. 핍박받고 있었던 1세기 교회들에게나 지금의 교회들에게나 똑같이 적용될 수 있는 교회에 관한 메시지입니다. 하나님 아버지와 예수 그리스도의 승리와 통치에 동참하는 참 교회의 모습을 계시문학 코드로 기록한 책입니다. 창세 전부터 하나님께서 꿈꾸시던 목적이 교회를 통해 드러난 것을 흥미진진한 대하드라마로 그린 것입니다.

이제 요한계시록의 내용을 더 자세히 해석해서 살을 붙이고 생명을 불어넣어 주님의 목적에 맞는 참 교회를 세우는 것은 독자들의 몫입니다. 여러 참고 자료를 동원해서 요한계시록을 더 깊이 연구할 필요가 있습니다. 필자가 이 책을 집필하는 동안 요한계시록의 좋은 참고서가 한국에서 이미 발간된 것을 알게 되었습니다. 이필찬 교수가 쓴 『내가 속히 오리라』 라는 책입니다. 요한계시록을 비교적 자세하게 해석해놓은 성경 신학자의 주해서입니다. 요한계시록의 다른 어떤 주석보다 더 탁월하다고 생각되어 추천하고 싶습니다.

필자의 소박한 바람은 독자들의 손에 쥐어진 이 책이, 헷갈린다는 이유로 요한계시록을 거들떠보지 않았던 일반적인 오해를 조금이나마 불식시키는 것입니다. 그리고 잘못된 종말사상에 의해 요한계시록을 둘러싼 거품에 현혹되어 하나님께서 주신 귀한 시간을 낭비하는 사람들 중 한 명이라도 돌아서서 올바른 성경관을 갖게 하는 것입니다. 그렇게 해서, 요한계시록이 신약 성경의 다른 책들과 함께 주님께서 바라시는 참된 교회를 세우는 기초로 쓰임 받도록 하는 것입니다. 이런 역사가 벌어지도록 "아멘 주 예수여 오시옵소서." 계22:20